最高의 書体 · 最新의 內容

實用 漢字
펜글씨

안 철 엮음

혜원

차   례

머리말

　글씨는 그 사람의 성품과 인격을 비춰주는 거울이라고 합니다.

　그리하여 옛부터 글씨가 그 사람됨을 평가하는 데 많은 작용을 해왔습니다. 우리들 가운데는 선천적으로 타고난 소질이 있는 사람과 없는 사람이 있긴 하지만, 세상에는 흔히들 글씨는 그 사람의 소질이 좌우하는 듯 착각하는 사람이 많습니다. 그러나 글씨를 쓰는 데 있어서는 소질보다 후천적인 노력이 더욱 중요합니다.

　글씨 연습에서 가장 중요한 점은 좋은 교본과 노력만 있으면 누구라도 쉽게 익힐 수 있으며, 결코 어려운 것이 아닙니다. 다시 말하면 바른 글씨체의 교본을 잘 보고 기초부터 시작하여 정체·흘림체의 순으로 꾸준히 노력하면 누구라도 잘 쓸 수 있습니다. 그렇게 한다면 자기도 모르는 사이에 아름다운 글씨를 쓰게 될 것입니다.

　이 책은 이러한 희망을 충족하기 위하여 기초에 중점을 두고 가장 짧은 시간에 많은 글자를 습득하여 숙달할 수 있도록 만들었으므로, 가장 충실한 내용을 갖춘 책으로 자부합니다.

　끝으로 이 한 권으로 연습만 한다면 누구나 아름다운 글씨를 쓸 수 있을 것을 확신하며, 착실한 노력이 계속되기를 바랍니다.

일 러 두 기

    펜을 잡을 때는, 펜대 위에 인지(人指)를 얹고 종이의 면에 대하여 45°~60° 정도로 잡는 것이 가장 좋은 자세입니다.

    한자(漢字)에는 **해서체(楷書體)·행서체(行書體)·초서체(草書體)**가 있고, 한글에는 특유의 한글체가 있으며 이 모두는 각기 그 나름의 완급(緩急)의 차가 있으며, 경중의 변화가 있읍니다. **해서체는 50°~60°의 경사 각도로 쓰는 것**이 좋으며, 행서체·초서체 큰 글씨가 될수록 경사 각도는 50° 이하로 내려갑니다. 45°의 각도는 손 끝에 힘이 들지 않는 각도이며, **평소에 펜 글씨를 정확하게 쓰자면 역시 50°~60°의 경사 각도로 펜대를 잡는 것이 가장 알맞는 자**세라 할 수 있읍니다.

◎ 펜을 쥐는 각도

〔펜을 잡는 각도〕

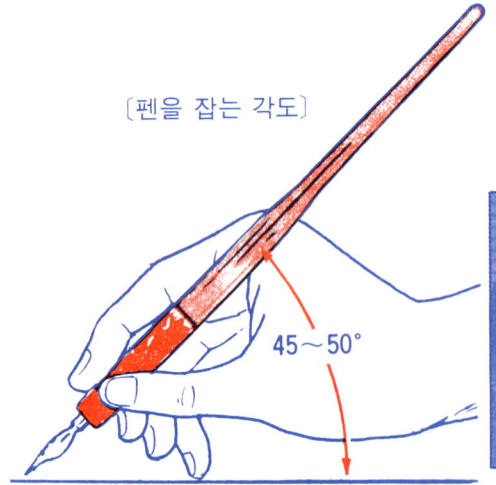

45~50°

    펜을 잡을 때는, 펜대 위에 집게손가락을 얹고 종이의 면에 대하여 45°~60° 정도로 잡는 것이 가장 좋은 자세입니다.

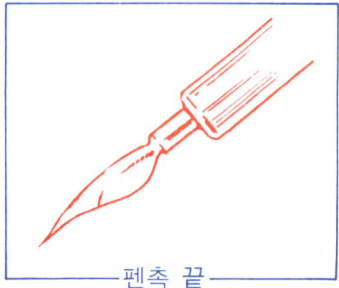

펜촉 끝

◎ 용구에 대하여

① 펜촉 ─ 펜촉은 그 종류가 많지만, 대체로 필기용으로 쓰이는 것은 G펜·스푼펜·스쿨펜·활콘펜 등이 있으나, **스푼펜**은 끝이 약간 둥글어 종이에 걸리지 않기 때문에 사무용으로 널리 애용되며, 펜글씨에 가장 적당한 펜촉이라 할 수 있읍니다.

② 잉크 ─ 잉크는 보통 청색과 적색을 많이 쓰며, **연한 색보다는 약간 진한** 색이 선명하여 보기에 좋습니다.

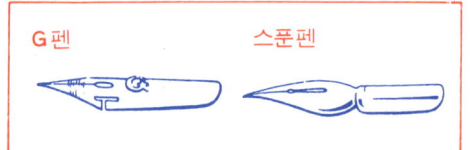

G펜   스푼펜

비안(飛雁)	적(趯)	현침(懸針)	늑(勒)
심곡(心曲)	우구횡(右鉤橫)	금략(金掠)	노(努)
부아(浮鵝)	구로(句努)	책(策)	점(點)
봉시(鳳翅)	색구(色句)	책(磔)	구로(句努)
곡반날(曲反捺) 변책(變磔)	사곡궐(四曲厥)	유어(遊魚)	상구(上句)

漢字 해서(楷書)의 基本点과 劃

기본(基本)되는 점(點)과 획(劃)을 충분히 연습한 다음, 쉬운 글자로부터 익히기 시작하여 차차 어려운 글자를 연습 합시다.

主永
言京
小示
千受
六共
江波
火首
点無
上下
工立
王青
下巨
中申
寸水

女母少老人夫大天文史日目成代心必毛元刀向室定風飛廷建近遠

漢字의 結構法 (글자를 꾸미는 법)

漢字의 結構는 대체로 다음과 같은 여덟 가지로 나눌 수 있다.

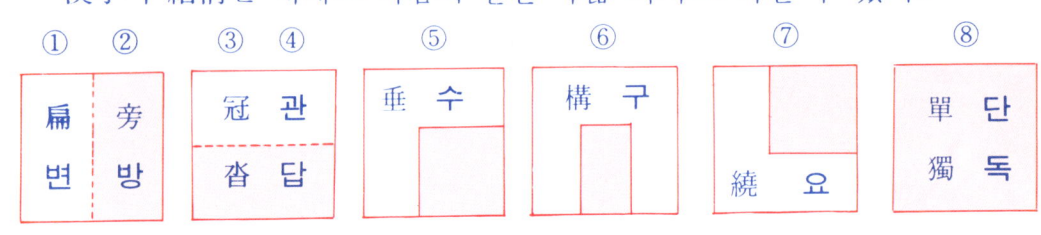

①	②	③	④	⑤	⑥	⑦	⑧
扁 변	旁 방	冠 관	沓 답	垂 수	構 구	繞 요	單 단 獨 독

		鳴	吹	規	場	球
扁	작은 扁은 위로 붙인다.					
	다음과 같은 변은 길게 쓰고, 오른쪽을 가지런히 하며, 몸(旁)에 양보하여 쓴다.	妹	煙	禮	複	終
		館	糧	語	鍾	梅
旁	몸(旁)은 변에 닿지 않도록 한다.	設	敎	伏	歡	鷗
冠	위를 길게 해야 될 머리.	草	箱	옆으로 넓게 해야 될 머리.	安	雲
沓	받침 구실을 하는 글자는 납작하게 하여 안정 되도록 쓴다.	然	孟	炎	書	驚
垂	윗몸을 왼편으로 삐치는 글자는 아랫 부분을 조금 오른쪽으로 내어 쓴다.	原	病	廣	履	歷
構	바깥과 안으로 된 글자는 바깥의 품을 넉넉하게 하고 안에 들어가는 부분의 공간을 알맞게 분할하여 주위에 닿지 않도록 쓴다.	因	固	圓	園	圖
		周	間	聞	鬪	向
繞	走 ② 는 먼저 쓰고	辶 ①	辶 ① 는 나중에 쓰며, 대략 네모가 되도록 쓴다.			越

整 型 法 (정형법)

分間 분간	같은 방향의 획이 여러 개 중복되는 글자는 간격을 고르게 해야 한다.	坴	書	川	多
減勾 감구	갈퀴가 중복되는 글자는 그 중 하나, 또는 전부를 생략한다.	林	禁	比	精
減捺 감나	파임이 중복되는 글자는 그 하나를 점으로 변화시킨다.	炎	食	双	養
中心 중심	어느 글자이고 중심이 중요하지만, 특히 다음과 같은 글자는 중심에 유의해야 한다.	常	業	參	姿
槪形 개형	대개의 글자는 다음과 같은 몇 가지의 모양으로 나눌 수 있으므로, 그 형태에 특히 주의해야 한다.	上	点	願	金

漢字의 槪形 (한자의 개형)

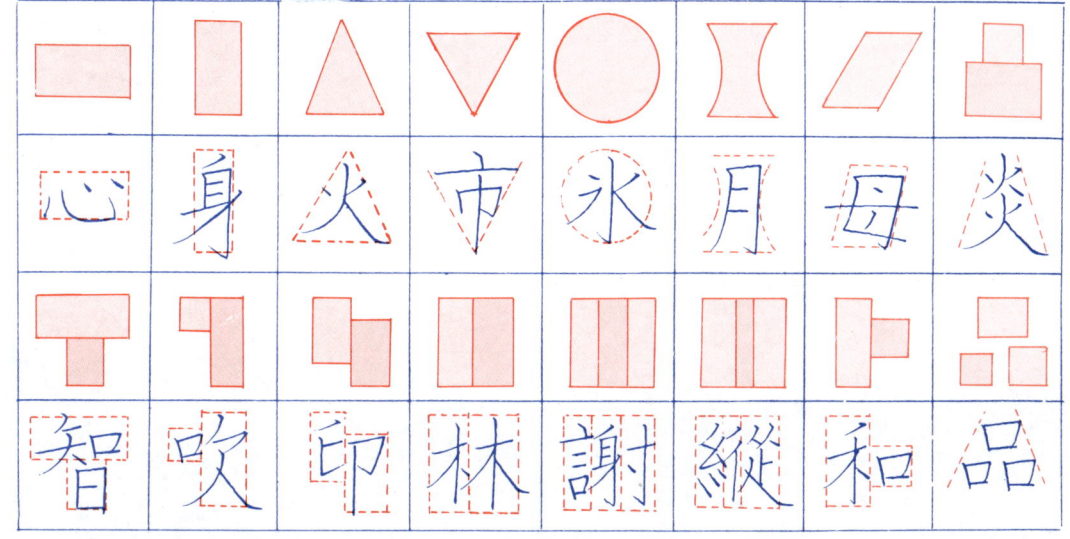

日	月	火	水	木	金	土	大
날 일	달 월	불 화	물 수	나무 목	쇠 금	흙 토	큰 대
1 フ 二	丿 刀 二	ソ ソ 人	刂 冫 人	一 刂 八	人 쇠	一 丨 一	一 丿 八

中	小	左	右	上	下	口	目
가운데중	작을 소	왼 좌	오른 우	윗 상	아래 하	입 구	눈 목
冖 丨	丿 八	一 丿 二	丿 一 口	一 丨 一	一 丨 丶	1 フ 一	1 フ 三

文	字	工	夫	宇	宙	自	然
글월 문	글자 자	장인 공	사내 부	집 우	집 주	스스로 자	그럴 연

江	海	東	西	南	北	風	雲
물 강	바다 해	동녘 동	서녘 서	남녘 남	북녘 북	바람 풍	구름 운

朝	夕	内	外	出	入	韓	國
아침 조	저녁 석	안 내	바깥 외	날 출	들 입	나라 한	나라 국
习刀=	ㅣㅈ丶	冂囗入	ㄱ丶卜丶	ㅣㄴㅣㄴ	ノ入	긛금ヨ	门或一

市	道	郡	面	里	洞	協	同
저자 시	길 도	고을 군	낮 면	마을 리	고을 동	화할 협	한가지동
ㄱ一巾	놋말辶	丑ㅁ리	丆게三	门ㄹㅣ二	ㆍ门吕	十力为为	门一口

人	間	良	心	品	行	方	正
사람 인	사이 간	어질 량	마음 심	품성 품	행할 행	모 방	바를 정

世	界	平	和	新	聞	記	事
인간 세	세계 계	화평할 평	화할 화	새 신	들을 문	기록할 기	일 사

家	庭	教	育	幼	兒	成	長
집 가	뜰 정	가르칠교	가르칠육	어릴 유	아이 아	이룰 성	긴 장

原	因	結	果	希	望	失	敗
근원 원	인할 인	맺을 결	결과 과	바랄 희	바랄 망	잃을 실	패할 패

反	共	政	治	忠	孝	敬	老
돌이킬반	한가지공	정사 정	다스릴치	충성 충	효도 효	공경 경	늙을 로

君	臣	國	民	兩	親	幸	福
임금 군	신하 신	나라 국	백성 민	두 량	어버이친	다행 행	복 복

所	得	增	大	公	共	安	定
바 소	얻을 득	더할 증	큰 대	공변될공	함께 공	편안할안	정할 정

熱	誠	授	受	讀	書	態	度
더울 열	정성 성	줄 수	받을 수	읽을 독	글 서	태도 태	법 도

自	主	國	防	壯	丁	檢	査
스스로자	주인 주	나라 국	막을 방	씩씩할장	장정 정	검사할검	조사할사

有	備	無	患	戰	爭	勝	敗
있을 유	갖출 비	없을 무	근심 환	싸움 전	다툴 쟁	이길 승	패할 패

寒	暖	溫	室	貧	富	榮	華
찰 한	따뜻할난	따뜻할온	집 실	가난할빈	부할 부	영화 영	빛날 화

經	理	計	算	領	收	給	與
글 경	다스릴리	셈할 계	셈할 산	거느릴령	거둘 수	줄 급	줄 여

一二 (일이)	三四 (삼사)	五六 (오륙)	七八 (칠팔)	九十 (구십)	貳拾 (이십)
㊑한둘. 하나 둘. ㊏한두.	서넛. 서너. ㊚삼사월(三四月).	다섯이나 여섯. 대여섯.	일곱이나 여덟.	아흔의 한자말.	스물의 한자말.

(故事成語) 각골난망(刻骨難忘) 남에게 입은 은혜가 뼈에 새기어져 잊히어지지 아니함.
(고사성어)

一	二	三	四	五	六	七	八	九	十	貳	拾
하나 일	둘 이	셋 삼	넷 사	다섯 오	여섯 륙	일곱 칠	여덟 팔	아홉 구	열 십	두 이	열 십

三百 (삼백)	千卷 (천권)	壹億 (일억)	數倍 (수배)	閏年 (윤년)	季節 (계절)
300의 한자말.	일천 권의 책.	일억.	몇 배.	윤달이나 윤일 (閏日)이 든 해. 반 평년(平年).	한 해를 봄·여름·가을·겨울의 네 시기로 구분한 시기. 철.

故事成語 (고사성어)

각주구검(刻舟求劍) 배에서 물에 칼을 떨어뜨리고 떨어진 자리에 암표(暗標)를 하였다가 배가 정박한 뒤에 칼을 찾는다는 뜻으로, 사람이 미련해서 융통성이 없음을 비유한 말.

參	百	千	卷	壹	億	數	倍	閏	年	季	節
석 삼	일백 백	일천 천	책권 권	한 일	억 억	셈할 수	갑절 배	윤달 윤	해 년	철 계	마디 절

祖上 (조상)	父母 (부모)	兄弟 (형제)	姉妹 (자매)	姑婦 (고부)	曾祖 (증조)
돌아간 어버이 위로 대대의 어른.	아버지와 어머니. 예부모 구존 (父母俱存).	형과 아우. 곤계(昆季)·곤제(昆弟).	①손위의 누이와 손아래의 누이. ②여자끼리의 언니와 아우.	시어머니와 며느리. 고식.	할아버지의 아버지. 예증조부 (曾祖父).

故事成語 (고사성어)   간성지재(干城之材) 무사에 뛰어난 재주 또는 그러한 사람.

祖	上	父	母	兄	弟	姉	妹	姑	婦	曾	祖
할아비 조	위 상	아버지 부	어머니 모	맏 형	아우 제	누이 자	손아랫누이 매	시어미 고	며느리 부	일찍 증	할아비 조

叔姪 (숙질)	良妻 (양처)	姻戚 (인척)	孝誠 (효성)	倫理 (윤리)	敬愛 (경애)
아저씨와 조카. 예숙질간(叔姪間).	착한 아내. 현처(賢妻). 예현모 양처(賢母良妻).	외가와 처가에 딸린 겨레붙이. 예인척(姻戚)과 친척(親戚).	마음을 다하여 어버이를 섬기는 정성.	사람이 지켜야 할 도. 인륜(人倫).	공경하고 사랑함.

故事成語 (고사성어)   감개무량(感慨無量) 감개가 한이 없음. 사물에 대한 회포의 느낌이 한이 없음.

叔	姪	良	妻	姻	戚	孝	誠	倫	理	敬	愛
아재비 숙	조카 질	어질 량	아내 처	혼인 인	겨레 척	효도 효	정성 성	인륜 륜	도리 리	공경할 경	사랑할 애

賢哲 (현철)	道義 (도의)	奉仕 (봉사)	遵守 (준수)	啓蒙 (계몽)	規範 (규범)
어질고 사리에 밝음. 또는 그 사람.	사람이 응당 행해야 할 도덕 상의 의리.	①남의 뜻을 받들어 섬김. ②남을 위해 노력함.	그대로 좇아 지킴. 예법규 준수(法規遵守).	어린아이나 무식한 사람을 가르쳐 깨우침.	본보기가 될 만한 제도. 규모 (規模).

故事成語 (고사성어) 거안사위(居安思危) 안락한 경우에 있을 때 위태로움(어려움)을 생각하며 정신을 가다듬음.

賢 어질 현	哲 밝을 철	道 도리 도	義 의리 의	奉 받들 봉	仕 섬길 사	遵 좋을 준	守 지킬 수	啓 열 계	蒙 어릴 몽	規 법 규	範 본보기 범

身體 (신체)	頭腦 (두뇌)	手足 (수족)	皮膚 (피부)	毛髮 (모발)	姿勢 (자세)
사람의 몸. **예** 신체형(身體刑).	①사물을 슬기롭게 판단하는 힘. ②머릿골.	①손과 발. ②수족과 같이 요긴하게 부리는 사람.	동물의 온 몸을 싸고 있는 겉껍질.	사람의 머리털과 몸에 난 털의 총칭.	몸을 가지는 모양이나 태도.

故事成語 (고사성어)	격물치지 (格物致知) ①사물의 이치를 궁구하여 앎에 다다르는 것. ② 사물의 이치를 연구하여 지식을 명확히 함.

身	體	頭	腦	手	足	皮	膚	毛	髮	姿	勢
몸 신	몸 체	머리 두	뇌 뇌	손 수	발 족	가죽 피	살갗 부	털 모	터럭 발	맵시 자	기세 세

骨肉 (골육)	顏面 (안면)	耳目 (이목)	肝臟 (간장)	胃腸 (위장)	口腔 (구강)
뼈와 살. 예골육 상잔(骨肉相殘).	①얼굴. ②서로 낮이나 익힐 만한 친분. 예안면부지(顏面不知)	①귀와 눈. ②봄과 들음. ③남들의 주의.	내장의 하나. 복강 우측 상부에 있는 암적갈색의 분비선. 준간.	위와 창자. 예위장병(胃腸病).	입 속. 예구강위생(口腔衛生).

故事成語 (고사성어) 　견마지로(犬馬之勞) ①임금이나 나라에 충성을 다하는 노력. ②자기의 노력을 겸손하게 일컫는 말. 견마지성(犬馬之誠).

骨	肉	顏	面	耳	目	肝	臟	胃	腸	口	腔
뼈 골	살 육	얼굴 안	얼굴 면	귀 이	눈 목	간 간	오장 장	밥통 위	창자 장	입 구	속빌 강

鼻炎 (비염)	生涯 (생애)	因習 (인습)	念願 (염원)	順從 (순종)	志望 (지망)
콧 속에서 나는 염증.	살아있는 동안. 세상에 살아가는 동안. 생활(生活). 생계(生計).	이전부터 전하여 몸에 젖은 풍습(風習).	내심에 생각하고 바람.	순순히 복종함. 복종(服從).	뜻하여 바람. 예 지망교(志望校).

故事成語 (고사성어)	경국지색(傾國之色) 나라 안에 으뜸가는 미인. 임금이 혹하여 나라가 뒤집히어도 모를만하게 뛰어난 예쁜 미인(美人)이라는 뜻. 경성지색(傾城之色).

鼻	炎	生	涯	因	習	念	願	順	從	志	望
코 비	염증 염	살 생	끝 애	인할 인	버릇 습	생각 념	바랄 원	순할 순	좋을 종	뜻 지	바랄 망

相逢 (상봉)	懷抱 (회포)	喜悅 (희열)	裕福 (유복)	親睦 (친목)	憐憫 (연민)
서로 만남.	마음 속에 품은 생각. 잊혀지지 않는 생각. 감회 (感懷).	기뻐하고 즐거 위함. 희락(喜樂).	살림이 넉넉함.	서로 친하여 뜻이 맞고 정다 움.	불쌍하고 가련 함.

故事成語
(고사성어)

경이원지 (敬而遠之) 존경하기는 하되 가까이 하지는 아니함.

相	逢	懷	抱	喜	悅	裕	福	親	睦	憐	憫
서로 상	만날 봉	품을 회	안을 포	기쁠 희	기쁠 열	넉넉할 유	복 복	친할 친	화목할 목	불쌍히여길련	불쌍히여길민

覺悟 (각오)	歎聲 (탄성)	思索 (사색)	想像 (상상)	辭讓 (사양)	慰勞 (위로)
①도리를 깨달음. ②미리 깨달아 마음을 작정함.	①탄식하는 소리. ②감탄하는 소리.	사물의 이치를 좇아 파고 들어 생각함. 깊은 생각.	미루어 생각함.	받을 것을 겸사하여 안 받거나 자리를 남에게 내어 줌.	수고나 괴로움을 어루만짐.

故事成語 (고사성어)

경천위지 (經天緯地) 온 천하를 경륜하여 다스림. 천하를 다스리는 것을 베틀에서 베를 짜는 데에 비유한 말. 날〈經〉은 세로 줄, 씨〈緯〉는 가로 줄.

覺	悟	歎	聲	思	索	想	像	辭	讓	慰	勞
깨달을 각	깨달을 오	탄식할 탄	소리 성	생각할 사	찾을 색	생각할 상	형상 상	사양할 사	사양할 양	위로할 위	수고로울 로

欲望 (욕망)	戀慕 (연모)	憂慮 (우려)	謹愼 (근신)	誇張 (과장)	嘲笑 (조소)
① 하고자 하는 마음. ② 부족을 채우고자 하는 마음.	사랑하여 그리워함.	근심하거나 걱정함.	언행을 삼가고 조심함.	실제보다 더하게 떠벌림.	조롱하는 태도로 웃는 웃음.

故事成語
(고사성어)

계란유골(鷄卵有骨) 공교롭게 일이 방해가 됨.

欲	望	戀	慕	憂	慮	謹	愼	誇	張	嘲	笑
하고자할 욕	바랄 망	사모할 련	사모할 모	근심 우	염려할 려	삼갈 근	삼갈 신	자랑할 과	베풀 장	조롱할 조	웃을 소

傲慢 (오만)	後悔 (후회)	容恕 (용서)	寬大 (관대)	威嚴 (위엄)	仁勇 (인용)
태도가 거만함. 또는 그 태도.	이전의 잘못을 깨닫고 뉘우침.	①놓아 줌. ②죄를 면해 줌. ③꾸짖지 않음. 용대(容貸).	마음이 너그럽고 큼. 관홍(寬弘).	①의젓하고 엄숙함. ②위광(威光)이 있어 엄숙함.	어질고 용기가 있음.

故事成語 (고사성어) 고복격양(鼓腹繫壤) 태평 성대(太平聖大)를 즐김을 형용하여 이르는 말.

傲	慢	後	悔	容	恕	寬	大	威	嚴	仁	勇
거만할 오	거만할 만	뒤 후	뉘우칠 회	용납할 용	용서할 서	너그러울 관	클 대	위엄 위	엄할 엄	어질 인	날랠 용

怨恨 (원한)	愁心 (수심)	哀惜 (애석)	恥事 (치사)	辱說 (욕설)	怪漢 (괴한)
원통하고 한되는 생각.	근심하는 마음. 또는 근심하는 일. 수의(愁意).	슬프고 아까움.	남부끄러운 일.	① 남을 저주하는 말. ② 남을 미워하는 말.	차림새나 행동이 괴상한 사나이.

故事成語 (고사성어)　고진감래(苦盡甘來) 고생이 끝나면 즐거움이 옴.

怨	恨	愁	心	哀	惜	恥	事	辱	說	怪	漢
원망할 원	한할 한	근심할 수	마음 심	슬플 애	아낄 석	부끄러울 치	일 사	욕될 욕	말씀 설	괴이할 괴	한 한

宇宙 (우주)	乾坤 (건곤)	太陽 (태양)	蒼空 (창공)	晨星 (신성)	弦月 (현월)
①세계. 천지. ②공간과 시간의 모두. 누리.	① 하늘과 땅. 천지(天地). ② 음양(陰陽). ③ 건방(乾方)과 곤방(坤方).	태양계를 중심으로 이룬 항성의 하나. 해. 일륜(日輪).	푸른 하늘. 창천(蒼天).	샛별.	초승달. 음력으로 그 달 첫머리의 며칠 동안에 돋는 달.

故事成語 (고사성어) 과유불급(過猶不及) 지나친 것이나 모자란 것이나 다 같이 좋지 않음. 사물(事物)은 중용(中庸)을 중히 여김.

宇	宙	乾	坤	太	陽	蒼	空	晨	星	弦	月
천지사방우	집 주	하늘 건	땅 곤	클 태	해 양	푸를 창	하늘 공	새벽 신	별 성	반 현	달 월

雷雨 (뇌우)	風霜 (풍상)	洪水 (홍수)	青潭 (청담)	碧海 (벽해)	寒暑 (한서)
우뢰 소리가 나며 내리는 비.	①바람과 서리. ②많이 겪은 세상의 모진 고통.	①큰물. ②넘쳐 흐를 정도로 많은 사물의 비유.	맑고 푸른 못. 예 청담(青潭)에 백학(白鶴).	깊고 푸른 바다. 예 상전벽해 (桑田碧海)	①추위와 더위. ②겨울과 여름.

故事成語 (고사성어) 괄목상대(刮目相對) 괄목하고 대면함. 남의 학식이 부쩍 느는 것을 놀라 쓰는 말.

雷	雨	風	霜	洪	水	青	潭	碧	海	寒	暑
우뢰 뢰	비 우	바람 풍	서리 상	클 홍	물 수	푸를 청	못 담	푸를 벽	바다 해	찰 한	더울 서

零下 (영하)	納凉 (납량)	黃昏 (황혼)	元旦 (원단)	歲暮 (세모)	歸省 (귀성)
온도계의 빙점 이하.	여름에 더위를 피하여 시원한 바람을 쐼.	① 해가 지고 어둑어둑할 때. ② 한창인 고비가 지난 때.	① 설날. ② 설날 아침. 원조 (元朝)·정조 (正朝)·원신(元辰).	한 해의 마지막 때. 세밑.	고향에 돌아가 어버이를 뵘. 귀근(歸覲).

故事成語 (고사성어) 교언영색(巧言令色) 남의 환심을 사기 위해 아첨하는 교묘한 말과 보기 좋게 꾸미는 얼굴 빛.

零	下	納	凉	黃	昏	元	旦	歲	暮	歸	省
떨어질 령	아래 하	들일 납	서늘할 량	누를 황	어두울 혼	으뜸 원	아침 단	해 세	저물 모	돌아갈 귀	볼 성

大韓 (대한)	京畿 (경기)	錦江 (금강)	區域 (구역)	洞里 (동리)	廣場 (광장)
대한 민국(大韓民國). 우리나라의 국호(國號).	서울을 중심으로 가까이 뻗어있는 행정 구역. 기내(畿內).	전라북도와 충청남도 사이의 강 이름.	갈라 놓은 지역.	지방 행정 구역인 동(洞)과 리(里).	넓은 마당. 넓은 빈터.

故事成語 (고사성어)　구상유취(口尙乳臭) 입에서 아직 젖내가 난다는 뜻으로 언어와 행동이 유치함을 일컬음. 치발불급(齒髮不及).

大	韓	京	畿	錦	江	區	域	洞	里	廣	場
클 대	나라이름 한	서울 경	경기 기	비단 금	강 강	나눌 구	지경 역	마을 동	마을 리	넓을 광	마당 장

驛前 (역전)	架橋 (가교)	堤防 (제방)	測量 (측량)	故鄕 (고향)	近郊 (근교)
정거장 앞. 역두(驛頭).	다리를 놓음. ⑩우정의 가교(架橋).	홍수를 막기 위하여 쌓은 둑.	물건의 크기·위치·방향을 재어서 헤아림.	자기가 태어나고 자라난 고장. 가산(家山)·고산(故山)·고원(故園).	도시에 가까운 주변.

故事成語 (고사성어)	군자삼락(君子三樂) 맹자(孟子)가 말한 군자의 세 가지 즐거움. 곧 부모가 살아 계시며 형제가 무고한 것, 하늘과 사람에 부끄러움이 없는 것. 천하의 영재(英才)를 얻어 교육하는 것이라 했음.

驛	前	架	橋	堤	防	測	量	故	鄕	近	郊
역 역	앞 전	건너지를 가	다리 교	둑 제	막을 방	헤아릴 측	헤아릴 량	연고 고	시골 향	가까울 근	들 교

隣邦 (인방)	南國 (남국)	執權 (집권)	外患 (외환)	再建 (재건)	復舊 (복구)
이웃 나라. 인국(隣國).	남쪽에 위치한 나라.	①정권을 잡음. ②권력을 가짐.	①외적이 침범하는 근심. ②외부에서 받는 격정.	무너진 것을 다시 일으켜 세움.	①그 전의 상태로 회복함. ②손실을 회복함.

故事成語 (고사성어)	권모술수(權謀術數) 목적을 위해서는 수단을 가리지 않고 인정이나 도덕도 없이 권세와 모략과 중상 등 온갖 수단과 방법을 쓰는 술책.

隣	邦	南	國	執	權	外	患	再	建	復	舊
이웃할 린	나라 방	남녘 남	나라 국	잡을 집	권세 권	바깥 외	근심 환	거듭 재	세울 건	회복할 복	옛 구

政局 (정국)	與野 (여야)	黨員 (당원)	選擧 (선거)	更訂 (경정)	妥協 (타협)
정계의 판국. 예 정국(政局)의 안정(安定).	여당과 야당.	당을 구성하고 있는 사람. 당인 (黨人).	여러 사람 가운 데서 대표자를 뽑 아냄.	변경시키어 고 침. 갱정.	두 편이 서로 좋도록 협의함.

(故事成語) 권선징악(勸善懲惡) 착한 일을 권장하고 악한 일을 징계함.
(고사성어)

政	局	與	野	黨	員	選	擧	更	訂	妥	協
정사 정	판 국	참여할 여	들 야	무리 당	관원 원	뽑을 선	들 거	바꿀 경	바로잡을 정	온당할 타	도울 협

憲法 (헌법)	條項 (조항)	質疑 (질의)	應答 (응답)	改議 (개의)	否決 (부결)
①근본이 되는 법규. ②국가 존립의 기본적 조건을 규정한 근본법.	낱낱이 들어 벌인 일의 가닥. 조목(條目).	의심 나는 점을 물어서 밝힘.	물음에 대답함. 답응(答應).	①고쳐 의논함. ②회의에서 동의(動議)를 고침.	의논한 일에 대하여 옳지 않다고 하는 결정.

故事成語 (고사성어) 극기복례(克己復禮) 자기의 사욕이나 사념을 양심과 이성으로 눌러 이기어 응당 알아서 지켜야 할 사람의 도리를 좇아 행한다는 뜻.

憲	法	條	項	質	疑	應	答	改	議	否	決
법 헌	법 법	조목 조	조목 항	바탕 질	의심할 의	응할 응	대답할 답	고칠 개	의논할 의	아니 부	정할 결

犯罪 (범죄)	證據 (증거)	詐欺 (사기)	召還 (소환)	陳述 (진술)	姦淫 (간음)
죄를 지음. 또는 지은 죄.	어떠한 사실을 증명할 만한 근거.	남을 꾀로 속여 해침.	일을 마치기 전에 불러 돌아오게 함.	자세히 말함. 예 피해자의 진술(陳述).	부부간이 아닌 남녀의 성적(性的) 관계.

故事成語 (고사성어) 금상첨화(錦上添花) '여창잉첨 금상화(麗唱仍添錦上花)라는 왕 안석(王安石)의 글'에서 온 말. 좋은 일에 또 좋은 일이 더함.

犯	罪	證	據	詐	欺	召	還	陳	述	姦	淫
범할 범	허물 죄	증거 증	의지할 거	속일 사	속일 기	부를 소	돌아올 환	베풀 진	말할 술	간음할 간	음란할 음

拘禁 (구금)	慣例 (관례)	訴訟 (소송)	刑罰 (형벌)	釋放 (석방)	領導 (영도)
죄인을 잡아 자유를 얽매는 일.	습관이 된 전례(前例).	법률상의 판결을 법원에 요구하는 절차.	국가가 범죄를 저지른 사람에게 주는 제재. 형죄(刑罪).	가두었던 사람을 놓아줌. 방면(放免). 방석(放釋).	거느려 이끎. 예영도자(領導者).

故事成語 (고사성어) 금석지교(金石之交) 쇠나 돌처럼 굳고 변함이 없는 교분. 금석지계(金石之契).

拘	禁	慣	例	訴	訟	刑	罰	釋	放	領	導
잡을 구	금할 금	익숙할 관	보기 례	송사할 소	송사할 송	형벌할 형	벌 벌	풀 석	놓을 방	다스릴 령	인도할 도

官廳(관청)	署名(서명)	赴任(부임)	罷免(파면)	團束(단속)	懲戒(징계)
관리로서 조직하여 국가의 사무를 맡아 보는 기관.	서류 따위에 책임자가 손수 이름을 씀. 착서(著署).	일을 맡아 볼 자리에 감.	직무를 면제시킴. 파출(罷黜).	경계를 단단히 하여 다잡음.	부정(不正)·부당(不當)한 행위에 대하여 제재(制裁)를 가(加)함.

故事成語 (고사성어)

금오옥토(金烏玉兎) 해와 달. 일월(日月). ※ ① 금오(金烏) : 태양 속에 세 발 가진 까마귀가 있다는 상상(想像)에서 유래하여, 태양. ② 옥토(玉兎) : 달에는 옥토끼가 있다고 상상하여, 달.

官	廳	署	名	赴	任	罷	免	團	束	懲	戒
벼슬 관	관청 청	서명할 서	이름 명	다다를 부	맡을 임	파할 파	내칠 면	단속할 단	묶을 속	징계할 징	경계할 계

戸籍 (호적)	抄本 (초본)	租稅 (조세)	賦課 (부과)	操縱 (조종)	補償 (보상)
호수나 식구별로 기록한 장부.	골라서 베껴낸 글발. 원본의 일부를 베끼거나 발췌한 문서.	국가 또는 지방 단체가 경비를 쓰기 위해 국민에게 받는 돈.	구실을 물리려고 그것을 매김.	마음대로 다루어 부림. 예 조종사(操縱士).	남의 손해를 채워 줌.

故事成語 (고사성어)　남가일몽(南柯一夢) '중국 당(唐)나라의 소설 남가기(南柯記)'에서 유래한 말. 꿈과 같이 헛된 한 때의 부귀와 영화. 남가지몽(南柯之夢).

戸	籍	抄	本	租	稅	賦	課	操	縱	補	償
집 호	문서 적	베낄 초	근본 본	세금 조	세금 세	줄 부	매길 과	잡을 조	놓아줄 종	기울 보	갚을 상

遠征 (원정)	被侵 (피침)	討伐 (토벌)	派遣 (파견)	照準 (조준)	隊列 (대열)
①멀리 정벌(征伐)을 감. ②먼 데로 시합 따위를 하러 감.	①침범을 당함. ②저촉이 됨.	죄 있는 무리를 군사로 침.	임무를 띠게 하여 사람을 보냄.	겨냥하여 보는 표준.	대를 지어 늘어선 행렬.

故事成語 (고사성어) 남상(濫觴) '양자강(揚子江) 같은 대하(大河)도 근원은 잔을 담글 만한 세류(細流)'라는 뜻에서, 사물의 처음. 시작(始作). 기원(起源).

遠	征	被	侵	討	伐	派	遣	照	準	隊	列
멀 원	칠 정	입을 피	침노할 침	칠 토	벨 벌	보낼 파	보낼 견	비출 조	고를 준	떼 대	줄 렬

訓練 (훈련)	鍊武 (연무)	紀綱 (기강)	利敵 (이적)	挑戰 (도전)	爆擊 (폭격)
실무(實務)를 배워 익힘.	무술을 단련함.	① 기율과 법강. ② 정치의 대강 (大綱). 예 기강 확립(紀綱確立).	적을 이롭게 함. 예 이적 행위(利敵行爲).	싸움을 돋움. 싸움을 걺.	비행기에서 폭 탄을 떨구어 적의 중요 시설을 파 괴하는 것.

故事成語 (고사성어) 노류장화(路柳墻花) 길 가의 버드나무와 담 아래 꽃이라는 뜻에서, 창부(娼婦)·기생(妓生) 등 화류계(花柳界) 여성을 비유하는 말.

訓	練	鍊	武	紀	綱	利	敵	挑	戰	爆	擊
가르칠 훈	익힐 련	단련할 련	호반 무	규율 기	벼리 강	이로울 리	원수 적	집적거릴 도	싸울 전	폭발할 폭	칠 격

破片 (파편)	軍糧 (군량)	騎馬 (기마)	策略 (책략)	命令 (명령)	斥候 (척후)
깨뜨려진 조각.	군대에서 사용하는 양식. ⑩군량미(軍糧米).	①말을 탐. ②타는 말. ⑩기마부대(騎馬部隊).	모책(謀策)과 방략(方略).	웃사람이 시키는 분부.	적의 형편 또는 지형 따위를 정찰하고 수색함. 후자(候者).

故事成語 (고사성어) 농와지희(弄瓦之喜) 딸을 낳은 즐거움. 농와지경(弄瓦之慶).

破	片	軍	糧	騎	馬	策	略	命	令	斥	候
깨뜨릴 파	조각 편	군사 군	양식 량	말 탈 기	말 마	꾀 책	꾀 략	명령 명	명령할 령	망볼 척	염탐할 후

泰山 (태산)	奇巖 (기암)	丘陵 (구릉)	溪谷 (계곡)	河川 (하천)	群島 (군도)
매우 높고 큰 산.	기이한 모양을 한 바위.	땅이 좀 높고 비탈진 곳. 나지막한 산. 언덕	골짜기. 계학 (溪壑).	시내. 내.	불규칙하게 모여 있는 작고 큰 여러 섬.

故事成語 (고사성어) 　누란지위(累卵之危) 쌓아 놓은 새알처럼 몹시 위험한 상태.

泰	山	奇	巖	丘	陵	溪	谷	河	川	群	島
클 태	뫼 산	기이할 기	바위 암	언덕 구	큰언덕 릉	시내 계	계곡 곡	물 하	내 천	많을 군	섬 도

沿岸 (연안)	汎濫 (범람)	怒潮 (노조)	氷雪 (빙설)	霧散 (무산)	雲集 (운집)
강물이나 바닷가의·일대.	①큰 물이 넘쳐 흐름. 범일(汎溢). ②제 분수에 넘침.	힘차게 밀어 닥치는 조류(潮流).	①얼음과 눈. ②심성(心性)이 결백함의 비유.	안개가 걷히듯 흩어져 없어짐. 안개로 사라짐.	구름처럼 많이 모임. 예운집(雲集)한 인파(人波).

故事成語 (고사성어)   담수지교(淡水之交) 물처럼 맑은 사귐. 곧 군자의 담담한 사귐을 말함.

沿	岸	汎	濫	怒	潮	氷	雪	霧	散	雲	集
좇을 연	언덕 안	넓을 범	넘칠 람	성낼 노	조수 조	얼음 빙	눈 설	안개 무	흩을 산	구름 운	모일 집

禽獸 (금수)	猛虎 (맹호)	雌雄 (자웅)	犬馬 (견마)	鳳鶴 (봉학)	毒蛇 (독사)
①날짐승과 길짐승. ② 은혜를 모르는 무례한 사람을 말함.	몹시 사나운 범.	①암컷과 수컷. ②강약(強弱)·우열(優劣)·승부를 비유하는 말.	①개와 말. ② 자기 몸을 극히 낮추어 겸손하게 일컫는 말.	봉황새와 두루미.	독이 있는 뱀.

故事成語 (고사성어)

대기만성(大器晩成) '노자(老子)의 《大方無隅 大器晩成》에서 유래한 말.' 큰 솥이나 큰 종같은 것을 주조하는 데에는 시간이 오래 걸리듯이 사람도 큰 재주는 일찍 성취되는 것이 아니란 말.

禽	獸	猛	虎	雌	雄	犬	馬	鳳	鶴	毒	蛇
날짐승 금	길짐승 수	사나울 맹	범 호	암컷 자	수컷 웅	개 견	말 마	봉새 봉	두루미 학	독 할 독	뱀 사

白鷗(백구)	鴻雁 (홍안)	養鷄 (양계)	蜜蜂 (밀봉)	鹿角 (녹각)	魚卵 (어란)
갈매기.	큰 기러기와 작은 기러기.	닭을 침. 예 양계 업자(養鷄業者).	꿀벌. 참벌과의 벌. 참벌.	사슴의 뿔.	소금을 쳐서 말린 생선의 알.

故事成語 (고사성어)	덕불고(德不孤) 덕이 있는 사람은 외롭지 않고 반드시 따르는 사람이 있다는 뜻. ※ 출전 : 논어(論語)의 '덕불고 필유인(德不孤 必有隣)'

白	鷗	鴻	雁	養	鷄	蜜	蜂	鹿	角	魚	卵
흰 백	갈매기 구	큰기러기 홍	기러기 안	기를 양	닭 계	꿀 밀	벌 봉	사슴 록	뿔 각	물고기 어	알 란

羊毛 (양모)	飛龍 (비룡)	走狗 (주구)	稻苗 (도묘)	森林 (삼림)	麥芽 (맥아)
양의 털. 예양모 제품〈羊毛製品〉.	①하늘을 나는 용. ②성인(聖人)·영웅이 높은 지위에 있음을 비유.	①달음질 잘 하는 개. ②권력가의 앞잡이노릇 하는 사람의 비유.	볏모 옮겨 심기 위하여 가꾸어 기른 벼의 싹.	나무가 많이 우거져 있는 곳.	엿기름.

故事成語 (고사성어)	독불장군(獨不將軍) ①여러 사람과 사이가 틀어져 외롭게 된 사람. ②무슨 일이나 제생각대로 처리하여 나가는 사람. ③혼자서는 장군이 못된다는 뜻으로, 남과 협조하여야 한다는 말.

羊	毛	飛	龍	走	狗	稻	苗	森	林	麥	芽
양 양	털 모	날 비	용 룡	달아날 주	개 구	벼 도	싹 묘	많고성할 삼	수풀 림	보리 맥	싹 아

枝葉 (지엽)	楓葉 (풍엽)	芳草 (방초)	梧桐 (오동)	梅實 (매실)	桃李 (도리)
①가지와 잎. ②본체에서 갈라져 나간 주요하지 않은 부분.	①단풍나무의 잎. ②가을에 단풍이 든 잎.	향기롭고 꽃다운 풀.	오동나무. 식물 : 오동과의 낙엽 활엽 교목.	매화나무의 열매.	①복숭아와 오얏. ②남이 천거한 어진 사람의 비유.

故事成語 (고사성어) 독서삼도(讀書三到) 독서의 법은 구도(口到)·안도(眼到)·심도(心倒)에 있다 함이니, 즉 입으로 다른 말을 하지 아니하고, 눈으로는 딴 것을 보지 말고, 마음을 하나로 가다듬고 반복 숙독하면, 그 진의(眞意)를 깨닫게 된다는 뜻.

枝	葉	楓	葉	芳	草	梧	桐	梅	實	桃	李
가지 지	잎사귀 엽	단풍나무 풍	잎 엽	꽃다울 방	풀 초	오동 오	오동나무 동	매화 매	열매 실	복숭아 도	오얏 리

栗林 (율림)	綠豆 (녹두)	細柳 (세류)	松竹 (송죽)	冬栢 (동백)	夏穀 (하곡)
밤나무 숲. 예 율림 육성(栗林育成).	콩과〈荳科〉의 일년생 재배식물. 열매는 녹색이며 식용임.	가지가 가늘고 긴 버들. 세버들.	소나무와 대나무.	①동백나무의 열매. ② 동백나무.	여름철에 익어서 거두는 곡식 (보리, 밀 등)

故事成語 (고사성어) 동가홍상(同價紅裳) '같은 값이면 다홍 치마'란 말과 같은 뜻. 곧 같은 값이면 좋은 물건을 가진다는 뜻.

栗	林	綠	豆	細	柳	松	竹	冬	栢	夏	穀
밤나무 률	수풀 림	푸를 록	콩 두	가늘 세	버들 류	소나무 송	대 죽	겨울 동	잣나무 백	여름 하	곡식 곡

土壤 (토양)	播種 (파종)	苗板 (묘판)	栽培 (재배)	肥料 (비료)	秋收 (추수)
흙. 예토양 개량(土壤改良).	논밭에 곡식의 씨앗을 뿌리어 심음. 하종(下種).	볏모를 기르는 논. 못자리.	초목을 심어서 기름. 배재(培栽)	식물을 잘 자라게 하려고 흙에 주는 양분.	가을에 익은 곡식을 거두어 들이는 일. 가을걷이.

故事成語 (고사성어)	동병상련(同病相憐) ① 같은 병을 앓는 사람끼리 서로 가엾게 여김. ② 어려운 처지에 있는 사람끼리 서로 동정하고 도움.

土	壤	播	種	苗	板	栽	培	肥	料	秋	收
흙 토	부드러운흙 양	씨뿌릴 파	종자 종	모종 묘	널 판	심을 재	북돋울 배	거름 비	감 료	가을 추	거둘 수

增産 (증산)	牧畜 (목축)	蔬菜 (소채)	養蠶 (양잠)	園藝 (원예)	製糖 (제당)
산출량이 늚. 생산량을 늘임.	마소와 양 등을 기름. 목양 (牧養).	채소류의 나물. 채소 (菜蔬).	누에를 기름. 예) 양잠 장려 (養蠶獎勵).	채소·화초·과목 (果木)등을 심어 가꾸는 일.	사탕을 만듦.

故事成語 (고사성어) 등화가친 (燈火可親) 가을이 들어 서늘하면 밤에 등불을 가까이 하여 글 읽기에 심기 (心氣) 가 좋다는 뜻.

增	産	牧	畜	蔬	菜	養	蠶	園	藝	製	糖
더할 증	낳을 산	기를 목	가축 축	나물 소	나물 채	기를 양	누에 잠	동산 원	재주 예	지을 제	사탕 당

鐵鋼 (철강)	炭鑛 (탄광)	亞鉛 (아연)	青銅 (청동)	洋灰 (양회)	金塊 (금괴)
철(鐵)과 강철 (鋼鐵).	석탄광(石炭鑛). 석탄을 캐어 내는 광.	청백색의 빛을 띤 쇠붙이. 함석. 백철(白鐵).	구리와 주석의 합금. 주조용·압연제 따위로 쓰임.	시멘트.	① 금덩이. ② 금화(金貨)의 그 지금(地金).

故事成語 (고사성어) 등하불명(燈下不明) 등잔 밑이 어둡다는 뜻으로, 가까이 있는 것이 도리어 알아 내기 어려움을 이르는 말.

鐵	鋼	炭	鑛	亞	鉛	青	銅	洋	灰	金	塊
쇠 철	강철 강	석탄 탄	광석 광	버금 아	납 연	푸를 청	구리 동	서양 양	석회 회	쇠 금	덩어리 괴

慶弔 (경조)	吉凶 (길흉)	婚談 (혼담)	壽宴 (수연)	享祀 (향사)	祝賀 (축하)
①기쁜 일과 궂은 일. ②경사를 축하하고 흉사를 조문함.	좋은 일과 나쁜 일. 경조(慶弔). 예 길흉사(吉凶事).	혼인을 정하기 위하여 오고 가는 말.	장수(長壽)함을 축하하는 잔치. 보통 환갑을 일컬음. 수연(壽筵).	신령에게 정성을 드려 하는 의식. 제사(祭祀). 제향(祭享).	경사를 빌고 치하함. 예 축하연(祝賀宴).

故事成語 (고사성어)	만구성비(萬口成碑) 여러 사람이 칭찬하는 것이 송덕비(頌德碑)를 세우는 것과 같다는 말.

慶	弔	吉	凶	婚	談	壽	宴	享	祀	祝	賀
경사 경	조상할 조	길할 길	흉할 흉	혼인할 혼	말씀 담	목숨 수	잔치 연	드릴 향	제사 사	축하할 축	하례할 하

忌祭 (기제)	先人 (선인)	死亡 (사망)	痛哭 (통곡)	葬地 (장지)	墳墓 (분묘)
해마다 죽은 날에 지내는 제사. 기제사(忌祭祀)의 약어.	①돌아가신 아버지. 선친(先親). ②앞 세대 사람.	①사람의 죽음. ②죽는 일.	소리를 높여 슬피 욺. 통곡(慟哭).	장사할 땅. 매장한 땅. 매장지(埋葬地)·묘지(墓地).	무덤.

故事成語 (고사성어) 망운지정(望雲之情) 자식이 타향에서 고향의 부모를 그리는 마음.

忌	祭	先	人	死	亡	痛	哭	葬	地	墳	墓
기일 기	제사지낼 제	먼저 선	사람 인	죽을 사	망할 망	원통할 통	울 곡	장사지낼 장	땅 지	무덤 분	무덤 묘

同胞 (동포)	姓氏 (성씨)	傍系 (방계)	諸位 (제위)	雙方 (쌍방)	班常 (반상)
① 형제. ② 한 국민. 한 겨레.	성을 높여 일컫는 말.	직계에서 갈려 나간 계통.	여러분. ⑩ 독자 제위(諸位)의 성원.	이쪽과 저쪽. 양방(兩方). ⑩ 쌍방 합의(雙方 合議).	양반과 상사람.

故事成語 (고사성어)

맹모단기(孟母斷機) 맹자가 학문을 다 마치지도 않고 집에 돌아오자 그 어머니가 짜던 베를 칼로 잘라, 학문을 중도에 그만둔다는 것은 짜던 베의 날을 끊는 것과 같다고 경계한 것.

同	胞	姓	氏	傍	系	諸	位	雙	方	班	常
한 가지 동	태보 포	성 성	성 씨	곁 방	계통 계	여러 제	자리 위	짝(둘) 쌍	모(방향) 방	양반 반	상사람 상

信仰 (신앙)	靈魂 (영혼)	祈願 (기원)	煩惱 (번뇌)	讚頌 (찬송)	尋訪 (심방)
믿고 받드는 일. ㉘신앙 생활(信仰生活).	인간 활동의 원동력으로 생각되는 정신적 실체(實體).	소원을 빎. 발원(發願).	마음이 시달려서 괴로움.	덕을 찬미하여 기림.	방문하여 찾아봄. 심문(尋問).

故事成語 (고사성어) 면종복배(面從腹背) 표면으로는 복종하는 체하면서 내심(內心)으로는 배반함.

信	仰	靈	魂	祈	願	煩	惱	讚	頌	尋	訪
믿을 신	우러를 앙	영혼 령	넋 혼	빌 기	원할 원	번민할 번	괴로와할뇌	기릴 찬	칭송할 송	찾을 심	찾을 방

世俗 (세속)	慈悲 (자비)	寺院 (사원)	冥府 (명부)	坐禪 (좌선)	僧舞 (승무)
①세상의 풍속. 속간(俗間). ② 삼구(三仇)의 하나.	사랑하고 불쌍히 여김.	①절이나 암자. ②천주교의 성당이나 수도원(修道院).	사람이 죽으면 간다는 명계(冥界)의 법정(法廷)	고요히 앉아서 참선(參禪)함.	고깔을 쓰고 장삼을 입고 중처럼 차리고서 풍류에 맞춰 추는 춤.

故事成語 (고사성어) 멸사봉공(滅私奉公) 사(私)를 버리고 공(公)을 위하여 힘써 일함.

世	俗	慈	悲	寺	院	冥	府	坐	禪	僧	舞
세상 세	속될 속	사랑 자	슬퍼할 비	절 사	집 원	저승 명	고을 부	앉을 좌	좌선할 선	중 승	춤출 무

共存 (공존)	社則 (사칙)	施設 (시설)	距離 (거리)	周圍 (주위)	環境 (환경)
① 함께 있음. ② 함께 도우며 살아나감.	회사나 결사 (結社)단체의 규칙.	베풀어 차림. 설시(設施).	서로 떨어진 사이의 먼 정도.	어떤 지점의 바깥 둘레. 주회 (周回).	생활체(生活體)를 둘러싸고 있는 일체의 사물.

故事成語 (고사성어)	명실상부(名實相符) 이름과 실제가 딱 들어 맞음. 이름그대로 임.

共	存	社	則	施	設	距	離	周	圍	環	境
함께 공	있을 존	단체 사	법칙 칙	베풀 시	세울 설	떨어질 거	떨어질 리	두루 주	둘레 위	두를 환	지경 경

郵便 (우편)	娛樂 (오락)	講壇 (강단)	矯正 (교정)	能率 (능률)	企劃 (기획)
여러 사람을 위하여 통신을 맡아 보는 업무.	즐겨 노는 놀이. 환락(歡樂).	강의나 설교를 할 때 올라서는 자리.	곧게 바로 잡음. 광정(匡正). 교구(矯揉).	일정한 시간에 해 낼 수 있는 일의 비율.	일을 꾸밈. 계획.

故事成語 (고사성어)　무릉도원(武陵桃源) ① 신선이 살았다는 전설적인 중국의 명승지. ② 이 세상과 따로 떨어진 별천지. ㉣ 도원(桃源).

郵	便	娛	樂	講	壇	矯	正	能	率	企	劃
우편 우	편할 편	즐거워할 오	즐길 락	강론할 강	제터 단	바로잡을 교	바를 정	능할 능	비율 률	꾀할 기	그을 획

住宅 (주택)	食堂 (식당)	層階 (층계)	倉庫 (창고)	飯店 (반점)	旅館 (여관)
사람이 사는 집. 거택(居宅).	①음식을 먹도록 설비된 방. ②간단한 음식을 파는 집.	층층이 높이 올라가게 만들어 놓은 설비.	곳집. 부고(府庫).	음식을 파는 가게. 예중화 반점(中華飯店).	여객(旅客)을 묵게 하는 집. 여사(旅舍).

故事成語
(고사성어) 무소부지 (無所不知) 모르는 것이 없음.

住	宅	食	堂	層	階	倉	庫	飯	店	旅	館
살	집	먹을	집	층	섬돌	곳집	곳집	밥	가게	나그네	집
주	택	식	당	층	계	창	고	반	점	려	관

住宅食堂層階倉庫飯店旅館

住宅食堂層階倉庫飯店旅館

閨房 (규방)	寢臺 (침대)	宿泊 (숙박)	沐浴 (목욕)	暖爐 (난로)	陶器 (도기)
안방. 유방(帷房). 예규방 문학(閨房文學).	사람이 누워 자게 만든 상. 침상(寢牀).	여관이나 어떤 곳에 머물러 묵음.	머리를 감고 몸을 씻는 일. 예목욕탕(沐浴湯).	몸이나 방안을 덥게 하는 난방 기구의 하나.	오지 그릇. 예이조 도기(李朝陶器).

故事成語 (고사성어) 문일지십(聞一知十) 한 가지를 듣고 열 가지를 미루어 앎. 재주의 총명함을 비유한 말.

閨	房	寢	臺	宿	泊	沐	浴	暖	爐	陶	器
안방규	방방	잠잘침	대대	잘숙	묵을박	머리감을목	목욕할욕	따뜻할난	화로로	질그릇도	그릇기

眼鏡 (안경)	腰帶 (요대)	洗濯 (세탁)	參席 (참석)	福券 (복권)	飲酒 (음주)
눈을 보호하거나 시력을 돕기 위해 쓰는 기구. 예 쌍안경(雙眼鏡).	허리띠.	빨래. 예 기계세탁(機械洗濯).	자리에 참여함.	제비를 뽑아 배당을 받게 되는 채권. 복표(福票).	술을 마심.

故事成語 (고사성어)　문방사우(文房四友) 문방에 꼭 있어야 할 네 벗. 곧 종이·붓·먹·벼루.

眼	鏡	腰	帶	洗	濯	參	席	福	券	飲	酒
눈 안	거울 경	허리 요	띠 대	씻을 세	씻을 탁	참여할 참	자리 석	복 복	문서 권	마실 음	술 주

移轉 (이전)	發送 (발송)	取捨 (취사)	機械 (기계)	注油 (주유)	火災 (화재)
① 옮겨 바꿈. ② 사물의 소재를 옮김.	물건·편지 따위를 부침.	취할 것은 취하고 버릴 것은 버림. 취사 선택(取捨選擇)의 약어.	여러 기관이 서로 어울려 힘을 받아 움직이는 틀.	기름을 넣음. 예주유소(注油所).	불이 나는 재앙. 화난(火難). 화변(火變).

故事成語 (고사성어) 물각유주(物各有主) 물건에는 제각기 임자가 있음.

移	轉	發	送	取	捨	機	械	注	油	火	災
옮길 이	옮길 전	필 발	보낼 송	취할 취	버릴 사	기계 기	기계 계	물댈 주	기름 유	불 화	재앙 재

俊秀 (준수)	責善 (책선)	意思 (의사)	沈默 (침묵)	放恣 (방자)	疎忽 (소홀)
재주·슬기·풍채가 빼어남. 청수(淸秀).	친구 사이에 서로 착한 일을 하도록 권함.	①생각. ②마음. ③뜻. 예의사 결정(意思決定).	아무 말이 없이 잠잠함.	삼가지 않고 제멋대로 놂. 예방자(放恣)한 태도(態度).	탐탁하지 않고 범연함. 대수롭지 않고 예사임. 소략(疎略).

故事成語 (고사성어)

반포지효(反哺之孝) 반포하는 효성. ※ 반포(反哺) : ① 부모의 은혜를 갚음. ② 새새끼가 자란 뒤에 늙은 어미새에게 먹을 것을 물어다 주는 것.

俊	秀	責	善	意	思	沈	默	放	恣	疎	忽
뛰어날 준	빼어날 수	꾸짖을 책	선할 선	뜻 의	생각 사	잠길 침	말없을 묵	방자할 방	방자할 자	성길 소	소홀히할 홀

核心 (핵심)	比較 (비교)	兩側 (양측)	私見 (사견)	慙愧 (참괴)	追徵 (추징)
사물의 중심이 되는 요긴한 부분.	서로 견주어 봄. 예 비교 문학(比較文學).	두 편. 양 방(兩方). 예 양측(兩側)의 대표자.	저 혼자만의 생각. 예 그것은 저의 사견(私見)입니다.	부끄럽게 여김. 참뉵(慙恧). 참작(慙作) 예 참괴(慙愧)의 눈물.	추가하여 거두어 들임. 추가하여 징수함. 예 세금의 추징(追徵).

故事成語
(고사성어)

발본색원(拔本塞源) 폐단의 근원(根源)을 아주 뽑아서 없애 버림.

核	心	比	較	兩	側	私	見	慙	愧	追	徵
알맹이 핵	가운데 심	견줄 비	비교할 교	두 량	기울일 측	사사 사	볼 견	부끄러워할 참	부끄러워할 괴	좇을 추	부를 징

個性 (개성)	謙遜 (겸손)	逃避 (도피)	狀態 (상태)	稀薄 (희박)	潤澤 (윤택)
①다른 개체와 구별되는 그 개체의 특성. ②낱낱의 특별한 성질.	남을 높이고 자기를 낮춤.	도망하여 피함. 예도피 사상(逃避思想).	현재의 모양이나 형편. 경상(景狀).	① 희망이나 가망이 적음. ②농도·밀도가 엷거나 얇음.	① 윤기 있는 광택. ②물건이 풍부함.

故事成語
(고사성어)

백년하청(百年河淸) '중국의 황하(黃河)가 항상 흐리어 맑을 때가 없다'는 데서 나온 말로, 아무리 오래 되어도 사물이 이루어지기 어려움을 일컫는 말.

個	性	謙	遜	逃	避	狀	態	稀	薄	潤	澤
낱 개	성품 성	겸손할 겸	겸손할 손	달아날 도	피할 피	형상 상	모양 태	드물 희	엷을 박	윤택할 윤	못 택

諒解 (양해)	歡迎 (환영)	恭待 (공대)	招聘 (초빙)	蠻行 (만행)	巡警 (순경)
사정을 잘 알아 줌. 이해(理解).	기쁜 마음으로 맞음.	①공손히 대접함. ②경어를 씀.	예로써 사람을 맞음. 빙초(聘招).	야만스러운 말과 짓.	①경찰관의 최하 계급. ②돌아다니며 경계함.

故事成語 (고사성어) 백면서생(白面書生) 글만 읽고 세상 일에 경험이 없는 사람.

諒	解	歡	迎	恭	待	招	聘	蠻	行	巡	警
살필 량	풀 해	기뻐할 환	맞을 영	공경할 공	대할 대	부를 초	부를 빙	오랑캐 만	행할 행	순행할 순	경계할 경

古典(고전)	隨筆(수필)	戲曲(희곡)	敍事(서사)	著書(저서)	飜譯(번역)
①옛날의 법식. ②뒷날에 남을 만한 옛날 서적.	일정한 주의가 없이 생각 나는 대로 쓴 글.	연극의 극본 (劇本). 각본.	사실을 있는 그대로 적는 일.	지은 책. 또는 책을 지음.	어떤 국어로 된 글을 다른 나라 말로 바꾸어 옮김.

故事成語 (고사성어) 백척간두(百尺竿頭) 높은 장대 끝에 섰다는 말로, 막다른 위험에 빠진 것을 일컫는 말.

古	典	隨	筆	戲	曲	敍	事	著	書	飜	譯
옛 고	책 전	따를 수	붓 필	연극 희	굽을 곡	펼 서	일 사	지을 저	책 서	번역할 번	통역할 역

文章(문장)	批評(비평)	名詞(명사)	精讀(정독)	玉篇(옥편)	雜誌(잡지)
주어와 설명어를 갖추어 뭉뚱그려진 한 사상을 나타낸 말.	사물의 선악·시비·미추(美醜)를 평가하여 논하는 일.	사물의 이름을 나타내는 품사. 이름씨·임자씨.	호를 좇아 정기로 발행하는 출판물.	한자를 자획에 따라 배열하고 음과 새김을 적어 엮은 책.	호를 좇아 정기로 발행하는 출판물.

故事成語 (고사성어) 백팔번뇌(百八煩惱) 불교에서 말하는 백 여덟 가지의 마음의 괴로움을 말함.

文	章	批	評	名	詞	精	讀	玉	篇	雜	誌
글월 문	글 장	비평할 비	평론할 평	이름 명	말 사	자세할 정	읽을 독	홀구슬할 옥	책 편	섞일 잡	기록할 지

民謠 (민요)	詠歌 (영가)	齊唱 (제창)	管絃 (관현)	旋律 (선율)	彈琴 (탄금)
한 겨레의 생활 감정 등을 전하여 오는 순박한 노래.	곡조에 맞추어 노래를 부름. 창가(唱歌).	일제히 여러 사람이 소리를 질러 부름.	관악기와 현악기. 사죽(絲竹).	악음이 여러가지 높이와 율동으로써 연속적으로 흐름.	거문고·가야금 따위를 탐.

故事成語 (고사성어)　부창부수(夫唱婦隨) 남편의 주장에 아내가 이에 따르는 것이 부부 화합(和合)의 도(道)라는 뜻.

民	謠	詠	歌	齊	唱	管	絃	旋	律	彈	琴
백성 민	노래 요	읊을 영	노래 가	가지런할 제	노래부를 창	대롱 관	악기줄 현	돌 선	음률 률	칠 탄	거문고 금

美術 (미술)	拙作 (졸작)	畫廊 (화랑)	演劇 (연극)	硯墨 (연묵)	情緒 (정서)
미를 표현하여 시각(視覺)으로 감상하는 그림·건축·조각 따위.	①보잘 것 없는 작품. ②자기의 작품. 졸저(拙著).	회화(繪畫)를 전람해 놓는 방.	배우의 연기를 통하여 희곡을 무대 위에 연출하는 종합 예술.	벼루와 먹.	사물에 부딪쳐 일어나는 온갖 감정.

故事成語 (고사성어) 부화뇌동(附和雷同) 일정한 견식(見識)이 없이 남의 말에 이유 없이 찬성하여 같이 행동함.

美 아름다울 미	術 재주 술	拙 졸할 졸	作 지을 작	畫 그림 화	廊 행랑 랑	演 행할 연	劇 연극 극	硯 벼루 연	墨 먹 묵	情 뜻 정	緒 실마리 서

文化 (문화)	遺蹟 (유적)	創造 (창조)	教育 (교육)	指針 (지침)	試驗 (시험)
인지가 깨고 세상이 열리어 밝게 됨.	패총·고분·옛 건축물 등 고고학적 유물이 남아 있는 곳.	① 처음으로 만듦. ② 조물주가 우주를 처음 만듦.	가르쳐 기름. ㉠교육 입국(教育立國).	지시(指示) 장치에 붙어 있는 바늘.	어떤 사물의 성질등에 관하여 실지로 증험하여 봄.

故事成語 (고사성어) 불문곡직(不問曲直) 옳고 그른 것을 묻지 아니함.

文	化	遺	蹟	創	造	教	育	指	針	試	驗
글월 문	교화할 화	남길 유	자취 적	비롯할 창	지을 조	가르칠 교	기를 육	가리킬 지	바늘 침	시험할 시	시험할 험

專攻 (전공)	合格 (합격)	勉學 (면학)	皆勤 (개근)	即效 (즉효)	掛圖 (괘도)
전문적으로 하는 연구. 전수 (專修).	격식 조건에 맞음. 또는 자격을 얻음.	배움에 힘씀. 예 면학 분위기 (勉學雰圍氣).	하루도 빠짐없이 출석·출근함.	즉시에 나타나는 효험.	설명을 위해 걸도록 만든 그림.

故事成語 (고사성어)	불치하문(不恥下問) 모르는 것이 있으면 누구에게 물어서라도 알아야 한다는 말. 혹은 나이 어린 사람에게서라도 배워야 함을 말함.

專	攻	合	格	勉	學	皆	勤	即	效	掛	圖
오로지 전	닦을 공	맞을 합	격식 격	힘쓸 면	배울 학	다 개	부지런할 근	곧 즉	효험 효	걸 괘	그림 도

校庭 (교정)	兒童 (아동)	初段 (초단)	研究 (연구)	視聽 (시청)	觀覽 (관람)
학교의 마당.	①어린 아이. ②국민 학교에서 배우는 아이. 예 아동 도서관(兒童圖書館).	당수·유도·검도·바둑 등의 첫째의 단.	어떤 일에 대하여 깊이 생각하고 사리를 따지어 보는 일.	눈으로 봄과 귀로 들음.	연극이나 영화 등을 구경함.

故事成語 (고사성어)　붕우책선(朋友責善) 벗끼리 서로 좋은 일을 권함.

校	庭	兒	童	初	段	研	究	視	聽	觀	覽
학교 교	뜰 정	아이 아	아이 동	처음 초	층계 단	연구할 연	궁구할 구	볼 시	들을 청	볼 관	볼 람

記憶 (기억)	錄音 (녹음)	貿易 (무역)	投資 (투자)	株式 (주식)	赤字 (적자)
잊지 않고 외워 둠.	레코드나 영화 필름에 소리를 기록하는 일.	물품을 팔고 사고 바꿈질을 함. 외국과의 상품 거래를 일컬음.	일의 밑천을 댐. ㉑투자금(投資金).	주식회사의 총자본을 주(株)의 수에 따라 나눈 자본의 단위.	수지(收支) 결산(決算)에서 지출이 수입보다 많은 일.

故事成語 (고사성어)	사상누각(沙上樓閣) 모래 위에 세운 다락집. 기초가 약하여 무너질 염려가 있거나 오래 유지 못할 일. 또는 실현 불가능한 일을 비유한 말.

記	憶	錄	音	貿	易	投	資	株	式	赤	字
기억할 기	기억할 억	기록할 록	소리 음	무역할 무	바꿀 역	던질 투	재물 자	주식 주	법 식	붉을 적	글자 자

貨幣 (화폐)	價値 (가치)	供給 (공급)	需要 (수요)	消費 (소비)	貯蓄 (저축)
사회에 유통하여 교환의 매개로 쓰이는 물건. 돈.	사물이 지니고 있는 중요성. 값.	요구하는 물품을 대어 줌. 예 공급인(供給人).	필요해서 얻고자 함. 소용됨.	써서 없앰. 예 소비 절약(消費節約).	절약하여 모아 둠.

故事成語 (고사성어) 산고수장(山高水長) 인자(仁者)나 군자(君者)의 덕(德)이 길이길이 전함을 뜻하는 말.

貨	幣	價	値	供	給	需	要	消	費	貯	蓄
화폐 화	돈 폐	값 가	값 치	바칠 공	줄 급	구할 수	구할 요	사라질 소	소비할 비	쌓을 저	쌓을 축

借用 (차용)	債務 (채무)	擔保 (담보)	對替 (대체)	重鎮 (중진)	幹部 (간부)
물건이나 돈을 빌리거나 꾸어 씀. 채용(借用).	특정한 사람에게 어떤 급부(給付)를 행하여야 할 의무.	맡아서 보증함. 예집을 담보(擔保)로 하여 돈을 빌다.	어떤 계정의 금액을 한 계정에서 다른 계정으로 옮겨 적는 일.	권력을 잡고 중요한 자리에 있는 사람.	단체의 우두머리되는 사람들.

故事成語 (고사성어) 삼라만상(森羅萬象) 우주 사이에 벌여 있는 온갖 사물의 현상.

借 빌릴 차	用 쓸 용	債 빚 채	務 직무 무	擔 짐 담	保 보호할 보	對 대할 대	替 바꿀 체	重 무거울 중	鎮 누를 진	幹 줄기 간	部 무리 부

等級 (등급)	貧富 (빈부)	絹織 (견직)	分析 (분석)	委任 (위임)	交涉 (교섭)
①높낮이의 차례. ②계급(階級). 예 육등급(六等級).	가난과 부유. 가난한 사람과 잘 사는 사람.	명주실로 짠 피륙. 견직물(絹織物)의 약어.	낱낱이 나눠서 가름.	①맡김. ②위탁하여 권리를 줌.	일을 이루기 위하여 서로 의논함.

故事成語
(고사성어)

삼인성호(三人成虎) '거리에 범이 나왔다고 여러 사람이 다 함께 말하면 거짓말이라도 참말로 듣는다'는 말로, 근거 없는 말이라도 여러 사람이 말하면 곧이 듣는다는 뜻.

等	級	貧	富	絹	織	分	析	委	任	交	涉
등급 등	등급 급	가난할 빈	넉넉할 부	비단 견	짤 직	나눌 분	쪼갤 석	맡길 위	맡길 임	사귈 교	관계할 섭

帳簿 (장부)	總額 (총액)	換錢 (환전)	計算 (계산)	割引 (할인)	支拂 (지불)
금품(金品)의 수입·지출을 기록하는 책. 또는 그 일.	모두를 합한 액수. 전액(全額).	서로 종류가 다른 화폐와 화폐를 교환함. ⑩환전상(換錢商).	수량을 헤아림. 셈. ⑩계산 방법(計算方法).	일정한 값에서 얼마를 감함. ⑩할인 가격(割引價格).	돈을 내줌. 값을 치러 줌. 지발(支撥).

故事成語 (고사성어) 상하탱석 (上下撐石) 윗돌 빼서 아랫돌 괴고 아랫돌 빼서 윗돌을 굄. 곧 일이 몹시 꼬이는데 임시 변통으로 이리저리 견디어 나가는 일.

帳	簿	總	額	換	錢	計	算	割	引	支	拂
치부책 장	장부 부	모을 총	수량 액	바꿀 환	돈 전	셈할 계	셈할 산	나눌 할	끌 인	치를 지	치를 불

商街 (상가)	賃貸 (임대)	販路 (판로)	入荷 (입하)	積載 (적재)	運輸 (운수)
상점이 죽 늘어서 있는 거리.	임금을 받고 자기 물건을 빌려 주는 일.	상품이 팔리는 방면이나 길. 예)판로 개척(販路開拓).	물건이 들어옴. 예)냉장고 다량(多量) 입하(入荷).	물건을 실음.	여객이나 화물을 날라 보내는 일. 예)운수 업무(運輸業務).

故事成語 (고사성어)	새옹지마(塞翁之馬) 모든 것이 전전(轉轉)하여 무상(無常)하니 인생의 길흉(吉凶)·화복(禍福)이란 항시 바뀌어 예측할 수 없는 것이라는 비유.

商	街	賃	貸	販	路	入	荷	積	載	運	輸
장사 상	거리 가	세낼 임	빌릴 대	팔 판	길 로	들어올 입	짐 하	쌓을 적	실을 재	나를 운	실어낼 수

契約 (계약)	調査 (조사)	履歷 (이력)	廉價 (염가)	錯誤 (착오)	獲得 (획득)
사람 사이의 약속. 약정(約定).	사물의 내용을 자세히 살펴봄.	지금까지의 학업·직업 따위의 경력(經歷).	싼 값. 예 염가판매(廉價販賣)	① 착각에 의한 잘못. ② 우리의 인식과 사실이 일치되지 않음.	손에 넣음. 얻어 가짐.

故事成語 (고사성어)   선견지명(先見之明) 일을 미리 짐작하는 밝은 지혜.

契	約	調	查	履	歷	廉	價	錯	誤	獲	得
맺을 계	약속할 약	고를 조	조사할 사	밟을 리	지낼 력	값쌀 렴	값 가	어긋날 착	그르칠 오	얻을 획	얻을 득

迷信(미신)	探索(탐색)	活用(활용)	繁昌(번창)	推進(추진)	蘇生(소생)
이치에 어긋난 것을 망녕되게 믿음. 예미신 타파 (迷信打破).	실상을 더듬어서 찾음. 예탐색전(探索戰).	①잘 이용함. ②기회를 잘 살려서 변통하여 돌려 씀.	한창 잘 되어 성함. 예사업(事業)의 번창.	힘써 나아감. 힘써서 어떤 일이 되게 함. 예추진력(推進力).	다시 살아남. 회생(回生).

故事成語 (고사성어)

선공후사 (先公後私) 공을 먼저 하고 사는 뒤로 함. 공사(公事)는 먼저 하고 사사(私事)는 나중에 함.

迷	信	探	索	活	用	繁	昌	推	進	蘇	生
미혹할 미	믿을 신	찾을 탐	찾을 색	살 활	쓸 용	번성할 번	창성할 창	밀 추	나아갈 진	회생할 소	살 생

公的 (공적)	閑暇 (한가)	薦擧 (천거)	選拔 (선발)	去就 (거취)	殘留 (잔류)
①공공(公共)에 관한 것.②공변된 것. 反사적(私的).	편안한 겨를. 예한가(閑暇)한 생활.	인재를 어떤 자리에 쓰도록 추천함.	많은 속에서 골라서 추려 냄. 예선수 선발(選手 選拔).	①가거나 옴. ②일신상의 진퇴. 예그의 거취(去就)가 문제이다.	남아서 처져 있음. 예잔류병(殘留兵).

故事成語
(고사성어)

설상가상(雪上加霜) 눈 위에 서리가 덮인다는 뜻으로 불행한 일이 엎친 데 덮쳐서 거듭 일어남을 비유하는 말. 설상 가설(雪上加雪).

公	的	閑	暇	薦	擧	選	拔	去	就	殘	留
공변될 공	적실할 적	한가할 한	겨를 가	천거할 천	들 거	가릴 선	뽑을 발	갈 거	나아갈 취	남을 잔	머무를 류

配給 (배급)	好轉 (호전)	寄稿 (기고)	授受 (수수)	勝負 (승부)	殺到 (쇄도)
①별러서 줌. ②영리를 목적으로 하지 않는 물자의 분배.	잘 안 되던 일이 잘 되어 가기 시작함. 예경기 호전(景氣好轉).	원고를 신문사나 잡지사에 냄. 기서(寄書)·투고(投稿).	주고 받음. 예현금 수수(現金授受).	이김과 짐. 승패(勝敗).	세차게 몰려 듦. 예관객이 쇄도(殺到) 했다.

故事成語 (고사성어) 속수무책(束手無策) 어찌 할 방책(方策)이 없어 손을 묶은 듯이 꼼짝할 수 없음.

配	給	好	轉	寄	稿	授	受	勝	負	殺	到
나눌 배	줄 급	좋을 호	구를 전	맡길 기	원고 고	받을 수	줄 수	이길 승	질 부	심할 쇄	이를 도

健康 (건강)	衰弱 (쇠약)	醫師 (의사)	整形 (정형)	痛症 (통증)	看護 (간호)
몸이 튼튼하고 병이 없음.	쇠퇴하여 약해짐.	의술에 의하여 병을 고치는 일을 하는 사람.	모양을 바르게 함.	아픈 증세.	병자 또는 어린 아이 등을 보살펴 돌봄.

故事成語 (고사성어) 수구여병(守口如瓶) ① 병에 담아 놓은 듯이 입을 다물고 있다는 뜻으로, 언어에 신중을 기함을 일컫는 말. ② 비밀을 잘 지켜서 남에게 알리지 아니함을 일컫는 말.

健 군셀 건	康 편안할 강	衰 약할 쇠	弱 약할 약	醫 병고칠 의	師 스승 사	整 가지런할 정	形 형상 형	痛 아플 통	症 병증세 증	看 지켜볼 간	護 보호할 호

血脈 (혈맥)	細菌 (세균)	檢疫 (검역)	肺疾 (폐질)	汚染 (오염)	丸藥 (환약)
혈액이 통하는 맥관(脈管).	박테리아. 생물체의 최하층의 생활체.	전염병을 막으려고 승객의 병원체 보유 여부를 검사하는 일.	폐결핵(肺結核)을 줄여서 하는 말.	더럽게 물듦. 염오(染汚). ⑩ 대기 오염(大氣汚染).	둥근 모양으로 만든 약(藥).

故事成語 (고사성어) 수구초심(首丘初心) '여우가 죽을 때 머리를 제가 살던 굴로 둔다'는 데서, 고향을 그리워하는 마음을 이름.

血	脈	細	菌	檢	疫	肺	疾	汚	染	丸	藥
피 혈	줄기 맥	가늘 세	세균 균	검사할 검	전염병 역	허파 폐	병 질	더러울 오	물 들 염	알 환	약 약

屈折 (굴절)	振幅 (진폭)	頻度 (빈도)	燃燒 (연소)	漏電 (누전)	媒介 (매개)
휘어 꺾임. 例 굴절 광선(屈折光線).	물체가 정지하고 있는 위치에서 진동의 극점에 이르는 거리.	잦은 도수. 例 출제 빈도(出題頻度).	물건이 탐. 例 연소물(燃燒物).	습기를 타고 새어나간 전기의 흐름.	중간에서 관계를 맺어 줌. 例 매개물(媒介物).

故事成語 (고사성어) 수신제가(修身齊家) 심신(心身)을 닦고 집안을 다스리는 일.

屈	折	振	幅	頻	度	燃	燒	漏	電	媒	介
굽을굴	꺾을절	떨진	넓이폭	잦을빈	정도도	불탈연	불사를소	샐루	전기전	중매매	끼일개

豪傑 (호걸)	娘子 (낭자)	惡談 (악담)	鈍才 (둔재)	醉客 (취객)	盜賊 (도적)
지용(智勇)이 뛰어나고 기개와 풍모가 있는 사람. 예 호걸풍(豪傑風).	처녀.	남을 못되도록 저주하는 나쁜 말.	재주가 둔함. 또 그 사람. 둔지(遁智).	술에 취한 사람. 취한(醉漢).	도둑.

故事成語 (고사성어) 수주대토(守株待兎) ① 요행을 바라고 헛되이 세월을 보냄. ② 부질없이 구습(舊習)과 전례(前例)에만 구애(拘碍)되어 시변(時變)에 처(處)하는 것을 모름을 이름.

豪	傑	娘	子	惡	談	鈍	才	醉	客	盜	賊
호걸 호	뛰어날 걸	각시 낭	사람 자	악할 악	말씀 담	둔할 둔	재주 재	술취할 취	손 객	도둑 도	도둑 적

某種 (모종)	謀陷 (모함)	叛逆 (반역)	乃後 (내후)	徒食 (도식)	翁姑 (옹고)
어떠한 종류. 아무 종류. ⑩모종(某種)의 사건(事件).	꾀를 써서 남을 어려움에 빠뜨림.	배반하고 모역(謀逆)함.	이 뒤로. ⑩내후에는 잘못이 없어야 한다.	①놀고 먹음. ②육식(肉食)을 아니함. ⑩무위도식(無爲徒食).	시아버지와 시어머니.

故事成語 (고사성어)	순망치한(脣亡齒寒) 서로 돕고 의지하는 사이에 하나가 망하면 다른 하나도 온전하게 되기 어렵다는 말.

某	種	謀	陷	叛	逆	乃	後	徒	食	翁	姑
아무 모	종류 종	꾀할 모	빠질 함	배반할 반	거스를 역	이에 내	뒤 후	헛될 도	먹을 식	늙은이 옹	시어머니 고

伯父 (백부)	奴婢 (노비)	吾等 (오등)	根源 (근원)	急性 (급성)	呼出 (호출)
큰아버지. 세부(世父).	남자종과 여자종의 총칭.	우리들.	①물이 흘러내리는 샘 줄급의 근본. ② 사물이 생겨나는 본바탕.	①갑자기 일어나는 성질의 병. ②성미가 급함.	불러냄. 소환.

故事成語 (고사성어) 시종일관(始終一貫) 처음부터 끝까지 한결같이 관철(貫徹)함.

伯	父	奴	婢	吾	等	根	源	急	性	呼	出
맏 백	아비 부	사내종 노	계집종 비	나 오	무리 등	뿌리 근	근원 원	급할 급	성품 성	부를 호	날 출

基礎(기초)	普遍(보편)	最低(최저)	簡單(간단)	其他(기타)	苟且(구차)
① 사물의 밑바 닥. ② 건조물의 무게를 받치기 위해 만든 바닥.	모든 것에 두루 미침. 예 보편성 (普遍性).	가장 낮음. 예 최저 수준(最低 水準).	간략하고 단출 함.	그밖에 또 다른 것. 예 기타 일체 (其他 一切).	군색하고 딱함. 예 구차(苟且)한 생활.

故事成語 (고사성어) 십벌지목(十伐之木) '열 번 찍어서 아니 넘어가는 나무가 없다'와 같은 뜻.

基	礎	普	遍	最	低	簡	單	其	他	苟	且
터 기	주춧돌 초	두루 보	두루 편	가장 최	밑 저	간략할 간	홀 단	그 기	다를 타	구차할 구	구차할 차

吐露 (토로)	昭詳 (소상)	備置 (비치)	無妨 (무방)	仲媒 (중매)	誘惑 (유혹)
속마음을 다 드러내어서 말함. 토파(吐破)·토정(吐情).	분명하고 자세함. ⑩ 그 사건의 소상(昭詳)한 해설.	갖추어 마련해 둠. ⑪ 철거(撤去) ⑩ 비치 장부 (備置帳簿).	해로울 것이 없음. 괜찮음. 방해될 것이 없음.	남자 쪽과 여자 쪽의 사이에서 혼인이 되게 하는 일.	① 남을 꾀어서 정신을 어지럽게 함. ② 그릇된 길로 꾀임.

故事成語 (고사성어) 아전인수(我田引水) 제 논에 물대기. 자기에게 이로울 대로만 함.

吐	露	昭	詳	備	置	無	妨	仲	媒	誘	惑
토할 토	드러날 로	밝을 소	자세할 상	갖출 비	둘 치	없을 무	방해할 방	가운데 중	중매 매	꾈 유	미혹할 혹

排球 (배구)	圓盤 (원반)	拳鬪 (권투)	裝備 (장비)	競技 (경기)	審判 (심판)
코트 중앙에 네트를 치고 보올을 받아 치는 경기.	원반 던지기에 쓰는 운동 기구의 하나.	양손에 글러브를 끼고, 서로 공격·방어하는 경기의 하나.	부속품, 비품 따위를 장치하는 일.	서로 재주를 견주어 낫고 못함을 다툼.	사건을 헤아리고 살펴서 판단 또는 판결함.

故事成語 (고사성어) 안빈낙도(安貧樂道) 구차하고 가난한 중에서도 편안한 마음으로 도(道)를 즐김.

排	球	圓	盤	拳	鬪	裝	備	競	技	審	判
밀어낼 배	공 구	둥글 원	쟁반 반	주먹 권	싸울 투	꾸밀 장	갖출 비	다툴 경	재주 기	살필 심	판단할 판

停車 (정거)	渡航 (도항)	綿密 (면밀)	浸透 (침투)	遲延 (지연)	催促 (최촉)
가던 차가 머무름. 또는 머무르게 함.	배를 타고 바다를 건너감.	생각이 소홀하지 아니하고 일에 찬찬함. 예 주도면밀(周到綿密).	젖어 들어감. 스미어 들어감. 예 침투 공작(浸透工作).	더디게 끌어감. 늦어짐. 예 지연 작전(遲延作戰).	재촉. 독촉. 예 최촉장(催促狀).

故事成語
(고사성어)

애지중지(愛之重之) 매우 사랑하고 귀중히 여김.

停	車	渡	航	綿	密	浸	透	遲	延	催	促
머무를 정	수레 거	건널 도	배로물건널 항	자세할 면	빽빽할 밀	적실 침	통할 투	더딜 지	끌 연	재촉할 최	재촉할 촉

感謝(감사)	拍掌(박장)	可憎 (가증)	憤慨 (분개)	微妙(미묘)	乳臭 (유취)
①고마움. ②고맙게 여기고 사례함.	손바닥을 침. ⑩박장 대소(拍掌大笑).	얄미움. ⑩가증(可憎)스러움.	매우 분하게 여김. 분탄(憤嘆).	①이상야릇하여 알 수 없음. ②섬세하고 묘함.	①젖의 냄새. ②어림. 미숙함.

故事成語 (고사성어)　약방감초(藥房甘草) 한약의 첩약에 잘 끼이어 들어가는 감초처럼 무슨 일에나 참례하고 꼭 쓰임을 이르는 말.

感	謝	拍	掌	可	憎	憤	慨	微	妙	乳	臭
느낄 감	사례할 사	손뼉칠 박	손바닥 장	옳을 가	미워할 증	분할 분	개탄할 개	작을 미	묘할 묘	젖 유	냄새 취

速記 (속기)	巷説 (항설)	宣布 (선포)	壯途 (장도)	累卵 (누란)	墮落 (타락)
① 빨리 적음. ② 속기법으로 적음. 예속기사 (速記士).	세상의 풍설. 항담(巷談). 예 가담항설(街談 巷説).	널리 세상에 알림. 예 법률 (法律)의 선포 (宣布).	중대한 사명을 띠고 떠나는 길.	쌓아 놓은 새 알처럼 대단히 위태로운 형편.	① 잡되게 놀아 못된 구렁에 빠짐. ② 죄를 범하는 생활에 떨어짐.

故事成語 (고사성어)　양상군자(梁上君子) 도둑.

速	記	巷	説	宣	布	壯	途	累	卵	墮	落
빠를 속	기록할 기	거리 항	말씀 설	널리펼 선	베풀 포	씩씩할 장	길 도	포갤 루	알 란	떨어질 타	떨어질 락

辨理 (변리)	琢磨 (탁마)	別世 (별세)	鬼神 (귀신)	香爐 (향로)	寸陰 (촌음)
일을 맡아서 처리함. 예 변리사(辨理士).	①옥이나 돌을 쪼고 갊. ②학문과 덕행을 닦음. 절차 탁마(切磋琢磨).	이 세상을 떠남. 죽음.	①사람이 죽은 넋. ② 사람에게 복과 화를 준다고 하는 정령.	향을 피우는 자그마한 화로.	얼마 못 되는 짧은 시간. 촌각(寸刻)·촌구·촌시(寸時).

故事成語 (고사성어)	양호유환(養虎遺患) 화근을 길러 근심을 산다는 말.

辨	理	琢	磨	別	世	鬼	神	香	爐	寸	陰
가릴 변	이치 리	쫄 탁	갈 마	헤어질 별	세상 세	귀신 귀	귀신 신	향기 향	화로 로	마디 촌	세월 음

原始 (원시)	現代 (현대)	終了 (종료)	期限 (기한)	恒時 (항시)	早晩 (조만)
①처음. 근본. ②자연 그대로 있음. 원생(原生).	①지금의 시대. ②국사(國史)에서는 고종(高宗)·순종(純宗) 시대 이후.	일을 끝냄. 완료(完了).	미리 정하는 때. 한(限).	보통 때. 상시(常時).	이름과 늦음. 예조만간(早晩間).

故事成語 (고사성어) 어두육미(魚頭肉尾) 물고기는 대가리 쪽이 맛이 있고, 짐승의 고기는 꼬리 쪽이 맛이 있다는 말. 어두 봉미(魚頭鳳尾).

原	始	現	代	終	了	期	限	恒	時	早	晩
근원원	처음시	지금현	세대대	마칠종	마칠료	기약할기	한정할한	항상항	때시	일찍조	늦을만

冷凍 (냉동)	鹽酸 (염산)	藍色 (남색)	銀紙 (은지)	貝物 (패물)	財寶 (재보)
냉각시켜서 얼림. 예냉동 시설 (冷凍施設).	염화 수소의 수용액.	푸른빛과 자주빛과의 사이 빛. 남빛.	은종이	산호·호박·수정·대모(玳瑁) 따위로 만든 물건.	보배로운 재물.

故事成語 (고사성어)	어부지리(漁夫之利) 도요새와 무명조개가 다투는 틈을 타서 둘 다 잡은 어부처럼, ① 쌍방이 싸우는 틈을 이용하여 제삼자가 애쓰지 않고 이득을 가로챔을 이르는 말. ②뜻하지 않는 사람이 이(利)를 얻는다는말.

冷	凍	鹽	酸	藍	色	銀	紙	貝	物	財	寶
찰 랭	얼 동	소금 염	실 산	쪽 람	빛 색	은 은	종이 지	조개 패	물건 물	재물 재	보배 보

顧問 (고문)	偏頗 (편파)	多寡 (다과)	使役 (사역)	禮儀 (예의)	佳景 (가경)
①의견을 물음. ②물음을 받는 사람.	공평하지 못하고 한 쪽으로 치우침. 예 편파적(偏頗的).	수효의 많음과 적음.	부리어 일을 시킴. 어떤 작업을 시킴을 당하여서 하는 일.	사람이 행하여야 할 올바른 예(禮)와 도(道).	아름다운 경치. 예 점입 가경(漸入街景).

故事成語
(고사성어)

여민동락(與民同樂) 임금이 백성과 함께 즐김. 여민 해락(與民偕樂).

顧	問	偏	頗	多	寡	使	役	禮	儀	佳	景
돌아볼 고	물을 문	치우칠 편	치우칠 파	많을 다	적을 과	부릴 사	부릴 역	예절 례	거동의 의	아름다울 가	경치 경

甲子 (갑자)	乙丑 (을축)	丙寅 (병인)	丁卯 (정묘)	戊辰 (무진)	己巳 (기사)
육십 갑자(六十甲子)의 첫째.	육십 갑자(六十甲子)의 둘째.	육십 갑자(六十甲子)의 세째.	육십 갑자(六十甲子)의 네째.	육십 갑자(六十甲子)의 다섯째.	육십 갑자(六十甲子)의 여섯째.

故事成語
(고사성어)

역지사지 (易之思之) 처지를 바꾸어서 생각함.

甲	子	乙	丑	丙	寅	丁	卯	戊	辰	己	巳
첫째 천간 갑	첫째 지지 자	둘째 천간 을	둘째 지지 축	세째 천간 병	세째 지지 인	네째 천간 정	네째 지지 묘	다섯째 천간 무	다섯째 지지 진	여섯째 천간 기	여섯째 지지 사

庚午 (경오)	辛未 (신미)	壬申 (임신)	癸酉 (계유)	戌亥 (술해)	冊曆 (책력)
육십 갑자(六十甲子)의 일곱째.	육십 갑자(六十甲子)의 여덟째.	육십 갑자(六十甲子)의 아홉째.	육십 갑자(六十甲子)의 열째.	열한 째 지지와 열두 째 지지.	천체를 측정하여 해와 달의 돌아감과 절기를 적은 책.

故事成語 (고사성어)　연목구어(緣木求魚) 도저히 불가능한 일을 굳이 하려 함을 비유하는 말.

庚	午	辛	未	壬	申	癸	酉	戌	亥	冊	曆
일곱째 천간 경	일곱째 지지 오	여덟째 천간 신	여덟째 지지 미	아홉째 천간 임	아홉째 지지 신	열째 천간 계	열째 지지 유	열한째 지지 술	열두째 지지 해	책	책력 력

弘益 (홍익)	平和 (평화)	完遂 (완수)	實踐 (실천)	腐敗 (부패)	革新 (혁신)
①큰 이익. ②널리 이롭게 함. 예홍익 인간(弘益人間).	①화합하고 고요함. ②전쟁이 없이 세상이 잘 다스려짐.	목적을 완전히 달성함. 예책임 완수(責任完遂).	실제로 행함. 예실천 사항(實踐事項).	①부패균에 의해 물질이 변화하는 일. ②정신이 타락함.	묵은 조직을 바꾸어 새롭게 하는 일. 예교풍 혁신(校風革新).

故事成語 (고사성어) 오비이락(烏飛梨落) 우연한 일치로 남의 혐의를 받게 됨을 비유하는 말. '까마귀 날자 배 떨어지다.'

弘	益	平	和	完	遂	實	踐	腐	敗	革	新
넓을 홍	이익 익	화평할 평	화할 화	완전할 완	이룩할 수	실제 실	행할 천	썩을 부	무너질 패	고칠 혁	새 신

贊反 (찬반)	棄權 (기권)	公共 (공공)	秩序 (질서)	立脚 (입각)	補佐 (보좌)
찬성과 반대. ㉠찬반 양론(贊反兩論).	자기 권리를 버리고 쓰지 않음.	①여러 사람이 한데 모여 힘을 함께 함. ②사회 일반.	사물의 조리. 또는 그 순서. ㉠질서 유지(秩序維持)	①근거를 두어 그 입장에 섬. ②근거로 함.	자기보다 지위가 높은 사람을 도움.

故事成語 (고사성어) 오십보 백보(五十步百步) 피차의 차이는 있으나 본질적으로는 같다는 뜻. 오십보 소백보(五十步笑百步). ㉥오십 소백(五十笑百).

贊	反	棄	權	公	共	秩	序	立	脚	補	佐
찬성할 찬	반대할 반	버릴 기	권세 권	함께 공	여러 공	차례 질	차례 서	설 립	다리 각	기울 보	도울 좌

卒倒 (졸도)	尾行 (미행)	循環 (순환)	案件 (안건)	羅列 (나열)	票決 (표결)
뇌출혈이나 뇌빈혈 따위로 갑자기 정신을 잃고 쓰러짐.	①몰래 뒤를 좇아 다님. ②경관이 혐의자의뒤를 밟아 감시함.	①쉬지 않고 자꾸 돎. ②돈을 내돌림.	토의하거나 조사해야 할 사실. 문제가 되어 있는 사실. 예 회의안건 (會議案件).	①죽 벌여 놓음 ②죽 열을 지음	투표로써 결정함.

故事成語 (고사성어)	원형이정(元亨利貞) ①사물의 근원되는 도리. ②역학(易學)에서 말하는 천도(天道)의 네가지 원리. '원(元)'은 봄이니 만물의 시초요, '형(亨)'은 여름이니 만물이 잘 자라고, '이(利)'는 가을이니 만물이 이루어지고, '정(貞)'은 겨울이니 만물을 거두는 것을 뜻함.

卒	倒	尾	行	循	環	案	件	羅	列	票	決
마칠 졸	넘어질 도	꼬리 미	갈 행	돌 순	돌아올 환	계획 안	사건 건	벌일 라	벌일 렬	표할 표	정할 결

強硬 (강경)	抗議 (항의)	拒逆 (거역)	脅迫 (협박)	恐怖 (공포)	難關 (난관)
굳세게 버티어 굽히지 아니함. 예 강경책(強硬策)	반대의 뜻을 주장함. 항변(抗辯).	웃사람의 뜻이나 명령을 항거하여 거스름.	①으르고 다잡음. ②사람을 공포에 빠지게 할 목적으로 해롭게 할 뜻을 알림.	무서움과 어려움. 예 공포심(恐怖心).	①지나기가 어려운 고비. ②일의 어려운 고비.

故事成語 (고사성어)	원형이정(元亨利貞) ①사물의 근원되는 도리. ②역학(易學)에서 말하는 천도(天道)의 네 가지 원리. '원(元)'은 봄이니 만물의 시초요, '형(亨)'은 여름이니 만물이 잘 자라고, '이(利)'는 가을이니 만물이 이루어지고, '정(貞)'은 겨울이니 만물을 거두는 것을 뜻함.

強	硬	抗	議	拒	逆	脅	迫	恐	怖	難	關
굳셀 강	굳을 경	대항할 항	의논할 의	맞설 거	거스를 역	으를 협	핍박할 박	두려울 공	두려울 포	어려울 난	요새(관)관

史蹟(사적)	韻致(운치)	吟味(음미)	詩歌(시가)	語句(어구)	會話(회화)
역사의 남은 자취. 역사의 유적.	고아(高雅)한 품격을 갖춘 멋. 풍치. 홍치.	①시가를 읊어 그 맛을 봄. ②사물의 의미를 새겨서 궁구함.	①시와 노래. ②시(詩).	①말과 구(句) ②말.	서로 만나서 이야기함. 또 그 담화.

故事成語 (고사성어) 월하빙인(月下氷人) '월하 노인(月下老人)과 빙인(氷人)의 합성어'로, 남녀의 인연을 맺어준다는 전설의 노인.

史	蹟	韻	致	吟	味	詩	歌	語	句	會	話
역사 사	발자취 적	운치 운	이를 치	읊을 음	맛볼 미	시 시	노래 가	말씀 어	글귀 구	모을 회	말할 화

展示 (전시)	印刷 (인쇄)	組版 (조판)	複寫 (복사)	副題 (부제)	旬刊 (순간)
물건을 모아 벌여 놓고 보임.	글이나 그림을 판에 박아 내는 일.	활판을 엉구어서 짬. 제판(製版).	①한 번 베낀 것을 다시 베낌. ②그림·사진 등을 복제(複製) 함.	책이나 논문 따위의 주장되는 제목에 보조로 덧붙이는 제목.	신문·잡지 등을 열흘에 한 번씩 내는 것.

故事成語 (고사성어)

윤회생사(輪廻生死) 〈불교〉 수레바퀴가 돌고 돌아 끝이 없는 것과 같이, 중생(衆生)의 영혼은 육체와 같이 멸하지 않고 전전(轉轉)하여 무시 무종(無始無終)으로 돈다는 일. ❀ 윤회(輪廻).

展	示	印	刷	組	版	複	寫	副	題	旬	刊
펼 전	보일 시	찍을 인	박을 쇄	짤 조	판목 판	겹칠 복	베낄 사	버금 부	제목 제	열흘 순	책펴낼 간

該當 (해당)	達辯 (달변)	流暢 (유창)	博識 (박식)	聰明 (총명)	智慧 (지혜)
① 무엇에 관계되는 바로 그것. ② 바로 들어맞음.	썩 능란한 변설. 예 달변가 (達辯家).	말을 거침 없이 잘 하거나, 글을 거침 없이 잘 읽음.	보고 들은 것이 넓어서 아는 것이 많음.	영리하고 기억력이 좋음. 개랑 (開朗).	① 슬기. ② 미혹(迷惑)을 절멸하고 보리(菩提)를 성취하는 힘.

故事成語 (고사성어)

인사유명(人死留名) 사람은 죽어도 이름은 남겨진다는 말로, 그 삶이 헛되지 않으면 방명(芳名)은 길이 남는다는 말. ※ 비슷한 말 : 호사 유피(虎死留皮).

該	當	達	辯	流	暢	博	識	聰	明	智	慧
해당할 해	마땅할 당	통달할 달	말잘할 변	흐를 류	통할 창	넓을 박	알 식	총명할 총	밝을 명	슬기 지	지혜 혜

優雅 (우아)	貞淑 (정숙)	淨潔 (정결)	靜肅 (정숙)	純朴 (순박)	庸劣 (용렬)
①점잖고 아담함. ②고상하고 기품이 있음.	여자의 행실이 깨끗하고 마음이 맑음.	말쑥하고 깨끗함. 건정(乾淨).	고요하고 엄숙함. 숙정(肅靜).	성질이 순량하고 꾸밈이 없음.	못생기어 재주가 없고 어리석음.

故事成語 (고사성어) 인자무적(仁者無敵) 어진 사람은 모든 사람이 그를 따르므로 적이 없음.

優	雅	貞	淑	淨	潔	靜	肅	純	朴	庸	劣
부드러울우	아담할아	곧을정	맑을숙	깨끗할정	깨끗할결	조용할정	엄숙할숙	순수할순	순박할박	어리석을용	용렬할렬

貪慾 (탐욕)	虛妄 (허망)	騷亂 (소란)	毀損 (훼손)	奔忙 (분망)	安逸 (안일)
지나치게 탐내는 욕심.	거짓이 많고 근거가 없음. 허탄(虛誕).	시끄럽고 어수선함. 소동(騷動).	① 체면을 손상함. ② 헐어서 못 쓰게 함. 예 명예훼손(名譽毀損).	매우 부산하게 바쁨.	썩 편하고 한가함. 예 무사안일 주의(無事安逸主義).

故事成語 (고사성어) 자업자득(自業自得) 자기가 저지른 일의 과보(果報)를 자기 자신이 받는 일.
자업자박(自業自縛):

貪	慾	虛	妄	騷	亂	毀	損	奔	忙	安	逸
탐낼 탐	욕심 욕	빌 허	망녕될 망	시끄러울 소	어지러울 란	헐 훼	덜 손	분주할 분	바쁠 망	편안 안	편안할 일

螢雪 (형설)	努力 (노력)	忍耐 (인내)	克服 (극복)	儉素 (검소)	悠久 (유구)
갖은 고생을 하며 수학한다는 말. 형설지공(螢雪之功).	① 힘들여 일함. ② 생산을 위해 힘쓰는 몸과 정신의 활동.	참고 견딤. 예 인내심(忍耐心).	① 적을 쳐 이기어 굴복시킴. ② 곤란을 이겨냄.	사치하지 않고 수수함.	연대가 길고 오램. 장구(長久). 예 유구(悠久)한 역사(歷史).

故事成語 (고사성어) 작심삼일(作心三日) 결심이 사흘을 가지 못함. 결심이 굳지 못함을 이르는 말.

螢	雪	努	力	忍	耐	克	服	儉	素	悠	久
개똥벌레 형	눈 설	힘쓸 노	힘쓸 력	참을 인	견딜 내	이길 극	복종할 복	검소할 검	질박할 소	멀 유	오랠 구

宗廟(종묘)	及第(급제)	汚吏(오리)	御命(어명)	祿俸(녹봉)	米穀(미곡)
역대(歷代)의 제왕(帝王)의 위패(位牌)를 모시는 사당집.	①과거에 합격함. ②시험에 합격함.	청렴하지 못한 관리. ㉎탐관 오리(貪官汚吏).	임금의 명령. 어령(御令).	벼슬아치에게 주는 봉급. 복록(福祿).	①쌀. ②쌀과 다른 곡식.

故事成語 (고사성어) 전화위복(轉禍爲福) 재화(災禍)가 바뀌어 오히려 복이 됨.

宗	廟	及	第	汚	吏	御	命	祿	俸	米	穀
마루 종	사당 묘	미칠 급	과거 제	더러울 오	관리 리	모실 어	명령 명	녹 록	급료 봉	쌀 미	곡식 곡

州郡(주군)	城郭(성곽)	亭子(정자)	縣監(현감)	弓矢(궁시)	干戈(간과)
주(州)와 군(郡)의 뜻으로 지방을 일컬음.	①성의 둘레. ②내성과 외성의 전부.	산수가 좋은 곳에 놓기 위하여 지은 작은 집.	외관직 문관(外官職文官)의 종6품 관리. 곧 작은 현의 원.	활과 화살. 궁전(弓箭).	전쟁에 쓰이는 병기. 간척(干戚).

故事成語 (고사성어) 조삼모사(朝三暮四) ① 눈 앞에 당장 나타나는 차별만을 알고 그 결과가 같음을 모름의 비유. ② 간사한 꾀로 사람을 속여 희롱함을 이르는 말. 준 조삼(朝三).

州	郡	城	郭	亭	子	縣	監	弓	矢	干	戈
고을 주	고을 군	성 성	외성 곽	정자 정	아들 자	고을 현	살필 감	활 궁	화살 시	방패 간	창 과

略 字 · 俗 字 〈약자 · 속자〉

현재 우리 社會와 言論 · 學界에서 가장 많이 쓰이고 있는 略字·俗字를 뽑았읍니다. 寫眞을 〈写真〉, 證據를 〈証拠〉, 擔當을 〈担当〉 따위로 획수를 줄여서 간단하게 쓰는 방법입니다. 바쁜 일상생활에 매우 편리하게 사용할 수 있읍니다.

※ 이웃 日本에서는 新聞 · 雜誌 · 敎科書에도 略字가 있는 글자는 모두 正字를 쓰지 않고 略字로 씁니다. 그러므로 日本語 學習에는 略字·俗字를 알아두는 것이 必須要件이 됩니다.

假	價	覺	擧	據	儉	檢	輕	經	徑	鷄	繼	館
仮	価	覚	挙	拠	倹	検	軽	経	径	鶏	継	舘
거짓 가	값 가	깨달을 각	들 거	의지할 거	검소할 검	검사할 검	가벼울 경	지날 경	지름길 경	닭 계	이을 계	집 관

關	觀	廣	鑛	敎	區	嘔	歐	鷗	舊	驅	國	權
関	観	広	鉱	教	区	呕	欧	鴎	旧	駆	国	権
빗장 관	볼 관	넓을 광	쇳돌 광	가르칠 교	구역 구	토할 구	노래할 구	갈매기 구	예 구	몰 구	나라 국	권세 권

勸	歸	龜	氣	旣	內	惱	腦	單	團	擔	膽	斷
勧	帰	亀	気	既	内	悩	脳	単	団	担	胆	断
권할 권	돌아올 귀	거북 귀	기운 기	이미 기	안 내	괴로와할 뇌	뇌 뇌	홑 단	둥글 단	멜 담	쓸개 담	끊을 단

當	黨	對	德	圖	同	讀	獨	燈	亂	覽	來	兩
当	党	対	德	図	仝	読	独	灯	乱	覧	来	両
당할 당	무리 당	대할 대	큰 덕	그림 도	한가지 동	읽을 독	홀로 독	등불 등	어지러울 란	볼 람	올 래	둘 짝 량

勵	歷	練	戀	聯	獵	禮	勞	爐	綠	賴	龍	樓
励	歴	練	恋	聯	猟	礼	労	炉	緑	頼	竜	楼
힘쓸 려	지낼 력	익힐 련	사모할 련	잇닿을 련	사냥할 렵	예절 례	수고로울 로	화로 로	푸를 록	의지할 뢰	용 룡	다락 루

屢	萬	滿	灣	蠻	賣	麥	脈	彌	半	發	拜	變
屡	万	満	湾	蛮	売	麦	脉	弥	半	発	拝	変
자주 루	일만 만	찰 만	물굽이 만	오랑캐 만	팔 매	보리 맥	맥 맥	두루,꿰맬 미	반 반	일어날 발	절 배	변할 변

辯	邊	竝	寶	拂	佛	濱	冰	絲	寫	辭	産	澁
弁	辺	並	宝	払	仏	浜	氷	糸	写	辞	産	渋
말잘할 변	가 변	나란할 병	보배 보	떨어버릴 불	부처 불	물가 빈	얼음 빙	실 사	베낄 사	말씀 사	낳을 산	떫을 삽

敍	釋	纖	攝	聲	燒	續	屬	收	數	輸	獸	壽
叙	釈	繊	摂	声	焼	続	属	収	数	輸	獣	寿
펼、 쓸 서	풀 석	가늘 섬	끌어잡을섭	소리 성	불사를 소	이을 속	붙을 속	거둘 수	수 수	실어낼 수	짐승 수	목숨 수

肅	濕	乘	蠅	繩	實	雙	兒	亞	惡	樂	巖	壓
肃	湿	乗	蝿	縄	実	双	児	亜	悪	楽	岩	圧
엄숙할 숙	젖을 습	탈 승	파리 승	새끼,줄승	열매 실	짝 쌍	아이 아	버금 아	악할 악	풍류 악	바위 암	누를 압

藥	讓	嚴	餘	與	驛	淵	鹽	榮	營	譽	豫	藝
薬	譲	厳	余	与	駅	渊	塩	栄	営	誉	予	芸
약 약	사양할 양	엄할 엄	남을 여	줄 여	역말 역	못 연	소금 염	영화 영	경영할 영	기릴 예	미리 예	재주 예

溫	圓	鬱	圍	爲	陰	應	醫	貳	壹	姊	殘	蠶
溫	円	欝	囲	為	陰	応	医	弐	壱	姉	残	蚕
따뜻할 온	둥글 원	답답할 울	둘러쌀 위	할 위	그늘 음	응할 응	의원 의	둘 이	하나 일	누이 자	남을 잔	누에 잠

雜	壯	莊	爭	戰	錢	傳	轉	點	靜	淨	齊	濟
雑	壮	庄	争	战	銭	伝	転	点	静	浄	斉	済
섞일 잡	씩씩할 장	별장 장	다툴 쟁	싸움 전	돈 전	전할 전	구를 전	점 점	고요할 정	깨끗할 정	가지런할 제	건질 제

劑	條	弔	從	縱	晝	鑄	卽	曾	增	證	眞	盡
剤	条	吊	従	縦	昼	鋳	即	曽	増	証	真	尽
약지을 제	조목 조	조상할 조	좇을 종	세로 종	낮 주	부어만들 주	곧 즉	일찍 증	더할 증	증거할 증	참 진	다할 진

贊	讚	參	慘	冊	處	淺	踐	賤	鐵	廳	體	遞
賛	讃	参	惨	冊	処	浅	践	賎	鉄	庁	体	逓
찬성할 찬	기릴 찬	참여할 참	참혹할 참	책 책	곳 처	얕을 천	밟을 천	천할 천	쇠 철	관청 청	몸 체	바꿀 체

觸	總	蟲	醉	齒	稱	彈	澤	擇	廢	豐	學	解
触	総	虫	酔	歯	称	弾	沢	択	廃	豊	学	解
닿을 촉	모두 총	벌레 충	술취할 취	이 치	일컬을 칭	탄알 탄	못 택	가릴 택	폐할 폐	풍성할 풍	배울 학	풀 해

鄉	虛	獻	驗	顯	縣	畫	歡	會	繪	回	效	黑
郷	虚	献	験	顕	県	画	歓	会	絵	回	効	黒
시골 향	빌 허	드릴 헌	시험할 험	나타날 현	고을 현	그림 화	기뻐할 환	모을 회	그림 회	돌아올 회	효험 효	검을 흑

漢字 数字 쓰기 연습

一 二 三 四 五 六 七 八 九 十 壹 壱 貳 弐

參 拾 百 阡 千 萬 万 億 兆 整 金 額 面

一字 多音 漢字

字	音·訓	用例	字	音·訓	用例	字	音·訓	用例
降	강·내리다	降雨量 (강우량)	否	부·아니	否定 (부정)	食	식·먹다	食堂 (식당)
	항·항복하다	降伏 (항복)		비·막히다	否塞 (비색)		사·밥	疏食 (소사)
更	갱·다시	更生 (갱생)	北	북·북녘	南北 (남북)	識	식·알다	知識 (지식)
	경·고치다	更張 (경장)		배·달아나다	敗北 (패배)		지·기록하다	標識 (표지)
車	거·수레	車馬費 (거마비)	寺	사·절	寺院 (사원)	惡	악·악하다	善惡 (선악)
	차·수레	車庫 (차고)		시·관청	太常寺 (태상시)		오·미워하다	憎惡 (증오)
見	견·보다	見聞 (견문)	狀	상·형상	狀態 (상태)	易	역·바꾸다	交易 (교역)
	현·나타나다	見夢 (현몽)		장·문서	賞狀 (상장)		이·쉽다	容易 (용이)
龜	귀·거북	龜鑑 (귀감)	殺	살·죽이다	殺生 (살생)	切	절·끊다	切斷 (절단)
	구·나라이름	龜茲 (구자)		쇄·감하다	相殺 (상쇄)		체·모두	一切 (일체)
	균·터지다	龜裂 (균열)						
金	금·쇠	金屬 (금속)	塞	새·변방	要塞 (요새)	直	직·곧다	正直 (정직)
	김·성	金氏 (김씨)		색·막다	塞源 (색원)		치·값	直錢 (치전)
茶	다·차	茶果 (다과)	索	색·찾다	思索 (사색)	參	참·참여하다	參席 (참석)
	차·차	茶禮 (차례)		삭·쓸쓸하다	索莫 (삭막)		삼·셋	參萬 (삼만)
度	도·법도	制度 (제도)	說	설·말씀하다	說明 (설명)	推	추·밀다	推理 (추리)
	탁·헤아리다	度地 (탁지)		세·달래다	遊說 (유세)		퇴·밀다	推敲 (퇴고)
				열·기쁘다	說乎 (열호)			
讀	독·읽다	讀書 (독서)	省	성·살피다	反省 (반성)	則	칙·법	規則 (규칙)
	두·구절	句讀點 (구두점)		생·덜다	省略 (생략)		즉·곧	然則 (연즉)
洞	동·마을	洞里 (동리)	屬	속·좇다	從屬 (종속)	暴	폭·갑자기	暴死 (폭사)
	통·통하다	洞察 (통찰)		촉·맡기다	屬託 (촉탁)		포·사납다	暴惡 (포악)
樂	락·즐기다	苦樂 (고락)	帥	수·장수	元帥 (원수)	便	편·편하다	便利 (편리)
	악·풍류	音樂 (음악)		솔·거느리다	帥兵 (솔병)		변·오줌	便所 (변소)
	요·좋아하다	樂山 (요산)						
率	률·비율	確率 (확률)	數	수·세다	數學 (수학)	行	행·다니다	行路 (행로)
	솔·거느리다	統率 (통솔)		삭·자주	頻數 (빈삭)		항·항렬	行列 (항렬)
復	복·회복하다	回復 (회복)	拾	습·줏다	拾得 (습득)	畫	화·그림	圖畫 (도화)
	부·다시	復活 (부활)		십·열	參拾 (삼십)		획·긋다	畫順 (획순)